Luc Niebergall

Einen prophetischen Lebensstil entwickeln

Luc Niebergall

Einen prophetischen Lebensstil entwickeln

Werde zum Sprachrohr Gottes für die Welt!

GloryWorld-Medien

2. Auflage 2021

Bibelzitate sind, falls nicht anders gekennzeichnet, der Elberfelder Bibel, Revidierte Fassung von 1985, entnommen. Weitere Bibelübersetzung: Die Zürcher Bibel, Ausgabe 2007 (ZÜR).

Das Buch folgt den Regeln der Deutschen Rechtschreibreform. Die Bibelzitate wurden diesen Rechtschreibregeln angepasst.

Übersetzung: Elisabeth Mühlberger
Lektorat/Satz: Manfred Mayer
Umschlaggestaltung: Jens Neuhaus, www.7dinge.de
Umschlagmotiv: pixabay

Printed in Germany

ISBN: 978-3-95578-358-7

Bestellnummer: 356358

Erhältlich beim Verlag:

GloryWorld-Medien
Beit-Sahour-Str. 4
D-46509 Xanten
Tel.: 02801-9854003
Fax: 02801-9854004
info@gloryworld.de
www.gloryworld.de

oder in jeder Buchhandlung

Inhalt

Widmung

Ich widme dieses Buch meiner Freundin Colette,
die als erste die Berufung auf meinem Leben erkannte.

Colette, ich danke dir,
dass du so vielen eine Inspiration bist,
eine Mutter des Glaubens und ein Vorbild
einer wahren Freundin Gottes.

Mit dem Entschluss, eine persönliche Kultur des Prophetischen zu entwickeln, entscheiden wir uns auch, das Wesen und den Sinn Christi anzuziehen.

Die Welt versucht Stein für Stein unsere wahre Identität zu verbarrikadieren, um die Wärme unserer inneren Schönheit hinter kalten und hartherzigen Mauern zu verbergen.

Wirklich prophetische Menschen freuen sich an dem Potenzial der anderen, auch wenn, das natürliche Auge blind dafür ist.

Sie blicken hinter die riesigen Bollwerke der Fehler und des Versagens, wo unentdeckte Schätze schlummern.

Prophetie sieht durch die Mauern hindurch und ruft verschüttete Bestimmungen hervor.

Kapitel 1

Prophetie im Neuen Testament

Ich erinnere mich noch gut daran, als ich das erste Mal für jemanden ein treffendes prophetisches Wort vom Herrn erhielt.

Ich saß in einem Restaurant und nippte an einer Tasse Kaffee, als meine Aufmerksamkeit plötzlich auf einen Mann gelenkt wurde, der ein paar Tische weiter von mir saß und in sein Tagebuch schrieb. Als ich meinen Blick auf ihn richtete, sah ich vor meinem geistigen Auge das Bild eines kleinen Kindes, das durch eine Wiese lief und versuchte, einen Schmetterling zu fangen. Doch so sehr es sich auch anstrengte, war der Schmetterling immer ein wenig außer Reichweite. Dann hörte ich folgende Worte, die mir fast unmerklich durch den Kopf gingen: „Ich bin gerade dabei, Türen für diesen Mann zu öffnen, für die er gebetet hat, dass sie aufgehen, und Türen zu schließen, für die er gebetet hat, dass sie sich schließen."

Sobald ich genug Mut aufgebracht hatte, den Mann anzusprechen und ihm meine Eindrücke mitzuteilen, ging ich zu ihm hin und stellte mich vor.

Nervös sagte ich zu ihm: „Es hört sich vielleicht seltsam an, aber ich bin Christ und ich glaube, dass Gott heute noch spricht. Ich habe den Eindruck, dass Gott mir eine Botschaft für Sie gegeben hat. Darf ich sie Ihnen mitteilen?"

Der Mann nickte zustimmend und deutete mir an, ich solle fortfahren.

Ich sagte: „Mir kam es so vor, als habe Gott gesagt, Sie hätten seit Ihrer Kindheit das Gefühl, der Schönheit hinterherzujagen, doch sei sie einfach immer ein wenig außer Reichweite gewesen. Ich glaube jedoch, dass Gott Ihnen sagen möchte, dass er gerade Türen in Ihrem Leben öffnet, für die Sie gebetet haben, dass sie aufgehen, und Türen schließt, für die Sie gebetet haben, dass sie sich schließen."

Schockiert und verwirrt starrte der Mann mich an. Er schob sein Tagebuch über den Tisch und sagte mir, ich solle lesen, was er gerade geschrieben habe, kurz bevor ich zu ihm gekommen war. In seinem Tagebuch stand:

„Lieber Gott, seit ich ein kleines Kind war, habe ich mich gefühlt, als wäre ich auf der Jagd nach Schönheit, und doch war sie immer gerade so außer Reichweite. Öffne die Türen, für die ich seit Jahren gebetet habe, dass sie aufgehen, und schließe die Türen, für die ich gebetet habe, dass sie sich schließen."

Einer meiner größten Herzenswünsche ist die Wiederherstellung des prophetischen Dienstes in der Gemeinde. Ich sehne mich danach, dass Gottes Kinder dem liebenden Wort des Vaters in ihrem Leben begegnen. Ich glaube, dass ein echtes Segenswort des Vaters die Waisen zu Söhnen und Töchtern machen kann. Damit die Welt jedoch den Segen des Vaters empfangen kann, muss die Gemeinde ihren übernatürlichen Zugang zu den Empfindungen seines Herzens besser verstehen. Und anschließend müssen wir uns ausrüsten lassen, zu seinem Sprachrohr für die Welt zu werden.

Mein Hauptanliegen mit diesem Buch ist es, dir Klarheit darüber zu geben, wie Gott spricht, damit du dem Herrn in einer freundschaftlichen Beziehung begegnen kannst, indem du seine Stimme hörst. Außerdem sollst du ausgerüstet werden, sein Wort dort weiterzugeben, wohin du berufen bist. Die Offenbarung unserer Identität in Christus muss uns zu der Erkenntnis bringen, dass wir die Brücke für übernatürliche Begegnungen der Menschen mit der Liebe sind. Über Liebe sollte man nicht nur reden, sondern sie ist eine Person, der man begegnen muss.

Viele in der Gemeinde glauben falschlicherweise, dass wir uns nur zurücklehnen und darauf warten müssen, dass Gott etwas tut, wenn wir eine Geistwirkung erleben wollen. In 1. Korinther 14,1 lesen wir jedoch: *„Strebt nach der Liebe; eifert aber nach den geistlichen Gaben, besonders aber, dass ihr weissagt!“* Wenn man das Wort „eifern“ in 1. Korinther 14,1 aus dem Griechischen übersetzt, bedeutet es wörtlich „begehren nach“. Dieser Vers könnte also folgendermaßen heißen: *„Strebt nach Liebe und begehrt nach den geistlichen Gaben, besonders aber, dass ihr weissagt!“*

Was der Apostel Paulus den Korinthern schrieb, war jedoch keine Empfehlung, sondern es war ein apostolisches Gebot und besagte, wenn die Korinther ein anhaltendes Wirken des Heiligen Geistes sehen wollten, müssten sie sich um den prophetischen Dienst bemühen und ihn begehren. Dieser Vers entlarvt die falsche Lehre, die besagt, dass wir „den Geber suchen müssen und nicht die Gaben“. Sicherlich müssen wir in erster Linie den Geber suchen. Damit wir jedoch in seiner Kraft wirken und seine Werkzeuge der Freiheit sein können, müssen wir auch nach den Gaben des Geistes trachten, insbesondere der Gabe der Prophetie.

Es gibt viel unnötigen Mystizismus und eine Menge Missverständnisse, was Prophetie anbetrifft. Dies ist sehr bedauerlich, aber logisch. Es leuchtet ein, dass der Feind versucht, eine der wertvollsten geistlichen Gaben von Gott zu verfälschen. Er will das prophetische Wort des Herrn zu etwas machen, wovor man sich fürchten muss; doch Gott sorgt dafür, dass dieser wunderbare Dienst wieder seinen rechtmäßigen Platz einnimmt. Vor dem prophetischen Dienst sollte man sich nur dann hüten, wenn man ein falsches Verständnis davon hat, wer der Vater wirklich ist. Würden wir verstehen, wie sehr der Vater uns liebt und annimmt, hätten wir keine Mühe, Gottes prophetische Worte anzunehmen.

Vor diesem Hintergrund werde ich mich zunächst mit einem der größten Missverständnisse im Zusammenhang mit dem prophetischen Dienst befassen. Das ist notwendig ist, damit ich meine Lehre auf einer soliden Grundlage aufbauen kann. Auch wenn ich an dieser Stelle eher theologisch vorgehe, ist es wichtig, dass du den Kern dessen, worüber ich schreibe, erfasst.

In den 80er-Jahren erlebte die weltweite Kirche eine rasche Erkenntniszunahme, wie wir durch das Werk am Kreuz die Stimme des Herrn hören können. Da wir unter dem Neuen Bund leben, haben wir das Neue Testament unter die Lupe genommen und nach einem prophetischen Vorbild gesucht, um zu wissen, wie wir prophezeien sollten. Schnell hat die aufkommende prophetische Gemeinschaft entdeckt, dass es in der Bibel nicht viele neutestamentliche Propheten gibt, die man studieren konnte. Tatsächlich gibt es außer Jesus wenige, die als Propheten bezeichnet werden, eigentlich nur Agabus (Apg 21,10), Judas und Silas (Apg 15,32), und auch von ihnen lesen wir nicht viel. Ich glaube, dass auch der Apostel Johannes ein Prophet war, wenn man bedenkt, dass er das Buch der Offenbarung verfasst hat; in der Bibel wird er jedoch nicht als solcher bezeichnet. Da wir im Neuen Testament nach dem Kreuz und der Auferstehung keine Verkörperung eines richtigen Propheten fanden, haben wir leider die Unterweisung von Paulus bezüglich dieses besonderen Dienstes in 1. Korinther 14 ignoriert. Es gab eine Gruppe hungriger Menschen, die lernen wollten, Gottes Stimme zu hören und sein Wort zu sprechen. Da es im Neuen Testament nicht viele Propheten gab, auf die man Bezug nehmen konnte, schaute der Leib Christi dorthin, wo es eine große Vielfalt von Propheten gab, und zwar ins Alte Testament.

Die Gemeinde benutzte dann die Propheten des Alten Testaments als Vorbild dafur, wie man prophezeien sollte. Dadurch haben wir uns als Menschen im Neuen Bund die Sichtweise des Alten Bundes angeeignet und begonnen, nach alttestamentlichen Prinzipien zu prophezeien. Eine der Hauptaufgaben eines Propheten im Alten Testament bestand darin, auf die Sünde des Volkes hinzuweisen, da die Sünde ein Hindernis zwischen dem Menschen und Gott darstellte. Ihr Dienst war hauptsächlich darauf ausgerichtet, Korrektur bzw. Zurechtweisung zu bringen, in der Hoffnung, dass das Volk Buße tun und die Sünde in ihrem Leben beseitigen würde, um eine Versöhnung zwischen dem Volk und Gott zu ermöglichen. Kehrte das Volk nicht um, war es oftmals die Aufgabe eines Propheten, die Konsequenzen seiner Sturheit durch Verurteilung und Gericht zu verkünden. Da dies ein charakteristisches Zeichen alttestamentlicher Prophetie war, begannen viele in den 80er Jahren, den Aspekt der Verurteilung und des Gerichts in ihren Prophetien zu betonen.

Man kann sich vorstellen, wie viele Menschen durch diese Art von Dienst verletzt wurden. Es war die Zeit, in der geistliche Leiter in Gemeindeversammlungen häufig durch Prophetie öffentlich Sünde aufdeckten, was ich in keiner Weise gutheiße oder dulde. Ich glaube nicht, dass es Gott jemals darum ging, seine Kinder zu demütigen. Da so viele Menschen in den 80er-Jahren durch den prophetischen Dienst verletzt wurden, distanzierten sich viele völlig davon. Seit jener Zeit befinden sich viele in der Gemeinde immer noch im Heilungsprozess von dem, was aufgrund falscher Vorstellungen von Prophetie geschehen ist. Gegenwärtig versuchen bewährte Propheten und Prophetinnen die Fehler der Vergangenheit zu korrigieren, indem sie klare Rahmenbedingungen für das Prophetische schaffen, damit die Ausübung dieses Dienstes wieder unbedenklich wird.

Ich glaube, dass die Anweisung von Paulus in 1. Korinther 14,3 (ZÜR) eine ausgezeichnete Vorlage für die neutestamentliche Prophetie ist. Sie lautet: *„Wer dagegen prophetisch redet, spricht zu Menschen: Er erbaut, ermutigt*[1]*, tröstet."*

Wo die alttestamentliche Prophetie Gericht und Verurteilung brachte, bringt die neutestamentliche „Erbauung", „Ermutigung" und „Trost". Wir müssen verstehen, dass sich der Charakter der Prophetie verändert hat, weil der Bund, unter dem wir leben, ein anderer ist.

Betrachten wir einmal den tiefgreifenden Wandel, den der Dienst des Propheten Elia durchmachte, als sich der Bund änderte. In Maleachi 3,23-24 steht: *„Siehe, ich sende euch den Propheten Elia, bevor der Tag des HERRN kommt, der große und furchtbare. Und er wird das Herz der Väter zu den Söhnen und das Herz der Söhne zu ihren Vätern umkehren lassen, damit ich nicht komme und das Land mit dem Bann schlage."*

Die Gemeinde muss das begreifen. Im Alten Testament bestand der Dienst Elias darin, die falschen Propheten zu vernichten und Feuer vom Himmel herabzurufen, um Menschen zu verzehren (vgl. 1 Kön 18 und 2 Kön 1). Im Neuen Testament besteht sein prophetischer Dienst jedoch in der Versöhnung von Familien. Wir sehen also, dass sich der

---

[1]Griech. *paraklēsis*, wird im Deutschen auch mit Trost, Ermahnung, Ermunterung und Zuspruch übersetzt. Anm. d. Übers.

Ausdruck des prophetischen Dienstes von Elia völlig veränderte, weil sich der Bund, unter dem die Menschen lebten, verändert hatte.

Vereinfacht gesprochen bedeutet Prophetie in neutestamentlicher Zeit: aus dem Herzen Gottes zu sprechen und zu verkünden, was er selbst bereits spricht. Die Prophetie offenbart unsere wahre Identität im Reich Gottes. Sie setzt Berufung und Bestimmung frei. Unsere Aufgabe als neutestamentliche prophetische Menschen besteht darin, über die Fehler und das Versagen der Menschen hinwegzublicken und den Schatz ihres wahren Wesens zu entdecken. Unsere Aufgabe ist es, Jesus in den Menschen zu sehen und ihnen die Herrlichkeit zuzusprechen, für die Gott sie geschaffen hat.

Die Heilige Schrift lehrt uns immer wieder, dass wir das verstärken, worauf wir schauen. Erinnerst du dich an Petrus, als er mit Jesus auf dem Wasser ging (vgl. Mt 14,25-33)? Solange Petrus sich auf Jesus konzentrierte, konnte er auf dem Wasser gehen, aber sobald er auf seine Umstände sah, bekamen diese Macht über ihn. Wenn wir Menschen durch prophetische Worte ständig auf ihre Fehler aufmerksam machen, dann geben wir den Fehlern nur mehr Macht. Wenn wir sie anderseits darauf hinweisen, wer Jesus in ihnen ist, verstärken wir das Wirken Christi in ihnen.

Die Welt ist sehr gut darin, die Menschen zu entmenschlichen und ihre wahre Größe und Würde zu verschleiern. Die Geschichte zeigt uns eine klare Erfolgsbilanz in der konsequenten Taktik der Entmenschlichung. Der Holocaust entstand durch die Entmenschlichung des jüdischen Volkes. Millionen von Juden wurden getötet, weil die Nationalsozialisten einer Lüge glaubten, welche die Bedeutung und Größe Israels verborgen hielt. Abtreibung hat die Welt davon abgeschnitten, die Bedeutung des menschlichen Lebens zu erkennen. Die Lüge der Klassen- und Rassentrennung brachte eine Diskriminierung mit sich, die zu Rassismus und Sklaverei führte. Immer noch werden die Menschen tagtäglich mit Entmenschlichung konfrontiert, da Lügen unsere wahre Größe und Bedeutung zu verbergen drohen.

Die neutestamentliche Prophetie blickt hinter das, was die Welt über uns denkt, und ruft das hervor, was Gott über uns ausgesprochen hat. In der neutestamentlichen Prophetie geht es nicht darum, die negativen Seiten der Menschen hervorzuheben, sondern darum, das zu verkünden, was ihr Vater bereits über sie verkündet hat.

In Hesekiel 37 (ZÜR) ging es Hesekiel nicht darum, den trockenen Knochen zu sagen, dass sie trockene Knochen seien. Er sprach: *„Seht, ich lasse Geist in euch kommen, und ihr werdet leben. Und ich gebe euch Sehnen und lasse Fleisch wachsen an euch, und ich überziehe euch mit Haut und lege Geist in euch, und ihr werdet leben, und ihr werdet erkennen, dass ich der HERR bin.“* Hesekiel sprach in ihr Potenzial hinein, und aus den trockenen Knochen wurde eine große Armee. Prophetie bedeutet, aus dem Herzen des Vaters zu einer Person zu sprechen. Wenn wir aus dem Herzen des Vaters sprechen, dann müssen wir verstehen, dass er seine Kinder durch das Blut des Lammes sieht.

Im Alter von zwanzig Jahren erlebte ich in einem Gottesdienst Gottes mächtiges Wirken. Ich hörte der Lehre eines Gastredners mit einem weltweiten prophetischen Dienst zu. Während der Lehre sprach der Heilige Geist zu mir und sagte: „Ich habe gerade zu diesem Redner gesprochen, er solle über dich prophezeien. Er wird dir Folgendes sagen: Du warst mit Wenigem treu, deshalb wird Gott dir viel geben. Heute beginnt dein Dienst, denn du bist als Wegweiser für diese Generation berufen.“

Nachdem der Herr zu mir gesprochen hatte, saß ich auf meinem Platz und fragte mich, ob das, was ich gehört hatte, vom Herrn sei oder nicht. Es vergingen nicht einmal zwei Minuten, als der Redner mitten im Satz innehielt und auf mich zeigte. Er sprach zu mir: „Steh auf." Als ich aufstand, sagte er: „Du warst mit Wenigem treu, deshalb wird Gott dir viel geben. Heute beginnt dein Dienst, denn du bist als Wegweiser für diese Generation berufen."

Als ich nach dem Gottesdienst nach Hause gehen wollte, sprach der Heilige Geist zu mir und sagte, ich solle in ein bestimmtes Café in der Stadt gehen. Als ich dort ankam, sah ich einen alten Freund von mir, der mit seinem Freund Kaffee trank. Während wir miteinander redeten, begann er mir zu erzählen, dass er und sein Freund gerade gemeinsam eine Hausgemeinde gründeten. Wir unterhielten uns über Gottes Wirken und tauschten Heilungszeugnisse aus. Am Ende des Gesprächs luden sie mich ein, in ihrer Gemeinde zu sprechen. Es war das erste Angebot, das ich je erhalten hatte, in einer Gemeinde zu sprechen, und dies noch in derselben Stunde, in der ich ein prophetisches Wort erhalten hatte, dass mein Dienst an jenem Tag beginnen würde.

Am Abend, bevor ich in dieser Gemeinde sprechen sollte, verbrachte ich Zeit mit dem Herrn. Der Heilige Geist gab mir Worte der Erkenntnis für Heilung und zeigte mir Bilder von einigen der Menschen, die dort sein würden. Ich wartete noch eine Weile, als ich plötzlich eine Vision von Gott hatte, der auf seinem Thron saß. An seinem Hals hing eine Halskette mit einem herzförmigen Medaillon. Ich fragte Gott, warum er ein herzförmiges Medaillon trage. Als ich auf eine Antwort wartete, hatte ich das Gefühl, dass dieses Medaillon die Nation Israel sei und dass ich prophetisch eine Frau in den Dienst berufen solle, weil sie als Missionarin nach Israel berufen war. Er fuhr fort und sagte, dass sie in dieser besonderen Nation eine unglaubliche Veränderung bewirken würde, weil ihr Herz im Einklang mit dem Herzen des Herrn für diese Nation schlug.

Als ich den Herrn fragte, wie ich wissen könne, wer die Frau sei, antwortete er mit einem Satz, den ich zu jenem Zeitpunkt nicht verstand. Er sagte: „Sie wird von der Halskette angezogen werden."

So kam ich am Sonntagmorgen in die Hausgemeinde. Vor Beginn der Versammlung setzte ich mich auf eine Couch und verbrachte Zeit mit dem Heiligen Geist. Während ich mich mit Gott unterhielt, sah ich zu, wie ein junges fünfjähriges Mädchen im Wohnzimmer herumlief und spielte. Plötzlich öffnete sich die Tür, und eine Frau mit einer sehr großen Halskette kam herein. Ich erinnerte mich an meine Vision vom Vorabend und wartete gespannt, was als Nächstes passieren würde. Ich beobachtete, wie das fünfjährige Mädchen auf die Frau zulief und rief: „Ich mag deine Halskette! Ich mag deine Halskette!"

Schlagartig kamen mir die Worte „Sie wird von der Halskette angezogen werden" in den Sinn. Mir wurde klar, dass dieses fünfjährige Mädchen dazu berufen war, diese Nationen verändernde Missionarin in Israel zu sein. Ich war sofort gerührt und begann zu weinen.

Als ich während des Gottesdienstes sprach, rief ich das Mädchen, ihren Vater und ihre Mutter auf. Alle drei weinten, als der Herr durch ein prophetisches Wort dem jungen Mädchen etwas über seine Bestimmung zusprach.

Ich erzähle diese spezielle Geschichte aus dem Grund, da sie meiner Meinung nach ein hervorragendes Beispiel für echte Prophetie ist. Unsere Aufgabe als prophetisch begabte Menschen besteht darin, hinter die Anklagen des Feindes gegen die Kinder Gottes zu blicken. Sie besteht darin, über das hinwegzusehen, was die Welt sieht, und das hervorzurufen, was Gott sieht. Die Welt sah ein fünfjähriges Mädchen. Gott sah eine Frau, die eine Nation veränderte.

Korrektive Prophetie

Häufig werde ich gefragt, was ich über den korrektiven prophetischen Dienst in neutestamentlicher Zeit denke. Ich glaube zwar, dass es Zeiten für korrektive Worte der Prophetie gibt, glaube aber auch, dass solche Worte nur in einer gewissen (biblischen) Ordnung und mit Aufrichtigkeit gesprochen werden sollten. Solche Worte sollten am besten im Rahmen von Beziehungen gegeben werden. Damit meine ich Folgendes: Weil meine Frau und ich in einer Beziehung sind, hat sie meine Erlaubnis, in mein Leben zu sprechen, wenn sie bemerkt, dass sich etwas in meinem Herzen oder meinem Dienst verändern sollte. Es ist unsere Beziehung, die ihr das Recht gibt, in mein Leben hineinzusprechen. Ich habe auch in meinen Dienst ein Team, dem ich Rechenschaft gebe, und verschiedene Freunde, denen ich dieses Maß an Vertrauen schenke. Ich denke auch, dass es in Ordnung ist, wenn ein Leiter korrektive prophetische Worte spricht, um Klarheit in das Leben einer Person zu bringen, die sich seiner Leiterschaft anvertraut hat. Dies sollte natürlich nicht öffentlich geschehen, sondern privat und respektvoll. Das Gleiche gilt für Leute, die in einem Jüngerschaftsprozess stehen und deren Erlaubnis wir haben, Korrektur in ihr Leben zu bringen. Ich kenne auch einige bewährte Propheten im weltweiten Dienst, die manchmal korrektive Worte für jemanden erhalten, aber damit respektvoll umgehen. Erstens geben sie diese nicht öffentlich weiter, und sie haben auch ein Team um sich, dem sie Rechenschaft ablegen und ihnen helfen, solch eher kontroversen Worte zu beurteilen.

Ich hoffe, ich habe mich verständlich ausgedrückt. Ich will damit nicht sagen, dass Gott nie korrektive Worte geben wird. Gott kann sprechen, wie immer er will. Mir geht es jedoch darum, diesem Dienst einen klaren Rahmen zu geben, damit Menschen geschützt sind und nicht das Gefühl haben, dass der prophetische Dienst ihre Privatsphäre verletzt und sie bloßstellt.

Die Macht der Zunge

Ich glaube, eine zentrale Offenbarung in Bezug auf unseren königlichen Stand ist, dass wir den prophetischen Dienst verstehen. Als Könige und Königinnen im Reich Gottes und in unserem Einflussbereich müssen wir verstehen, welche Bedeutung der Erlass eines Königs oder einer Königin hat. Wenn eine königliche Autoritätsperson im dem Land, das ihr gegeben ist, etwas ausspricht, wird es so geschehen. Und wenn du als Miterbe bzw. Miterbin mit Christus Autorität hast, haben deine Worte ein enormes Gewicht.

> *Tod und Leben sind in der Gewalt der Zunge, und wer sie liebt, wird ihre Frucht essen* (Spr 18,21).
>
> *Beschließt du eine Sache, wird sie zustande kommen, und über deinen Wegen leuchtet Licht auf* (Hiob 22,28).
>
> *Sage zu ihnen: So wahr ich lebe, spricht der HERR, wenn ich es nicht so mit euch machen werde, wie ihr vor meinen Ohren geredet habt!* (4 Mose 14,28).

1. Samuel 1 erzählt die Geschichte eines Mannes namens Elkana. Elkana hatte zwei Ehefrauen, die Hanna und Peninna hießen. Peninna gebar dem Elkana Kinder, während Hanna unfruchtbar war. Hanna ging einmal im Jahr zum Haus des Herrn, um Gott anzubeten. Während der Anbetung weinte sie einmal voller Schmerzen über ihre Unfruchtbarkeit. Sie legte ein Gelübde ab und sprach: „*HERR der Heerscharen! Wenn du das Elend deiner Magd ansehen und*

meiner gedenken und deine Magd nicht vergessen wirst und deiner Magd einen männlichen Nachkommen geben wirst, so will ich ihn dem HERRN alle Tage seines Lebens geben. Und kein Schermesser soll auf sein Haupt kommen" (1 Sam 1,11).

Der Priester Eli bemerkte, dass sie weinte, und segnete sie mit den Worten: *„Geh hin in Frieden! Der Gott Israels wird dir deine Bitte erfüllen, die du von ihm erbeten hast"* (1 Sam 1,17).

Es trat ein, dass Hanna ein Kind empfing und es Samuel nannte. Samuels Leben und sein ganzes Wirken war die Frucht der Proklamation des Lebens durch den Priester Eli.

Ein Lehrer an einer öffentlichen Schule, den ich kenne, gab seinen Schülern einmal eine Lektion über die Macht der Zunge. Er hatte vorne bei seinem Schreibtisch eine Pflanze, der er weder Wasser noch Sonnenlicht gab. Die Pflanze verwelkte natürlich und ging ein. Sobald die Pflanze abgestorben war, proklamierten er und seine Schüler zu Beginn jeder Unterrichtsstunde, dass die Pflanze leben sollte. Am dritten Tag begann die Pflanze einfach durch diese Proklamation wieder zu leben. Sie zerstörten und belebten diese Pflanze insgesamt fünf Mal allein durch Proklamation. Was für eine unglaubliche Lektion über die Macht der Zunge das wohl für diese Schüler gewesen sein mag.

Die ganze Schöpfung wurde durch prophetische Verkündigung in Existenz gerufen. Gott dachte nicht: „Es werde Licht", und es wurde Licht. Er sprach es aus, und das Licht war da. Da wir Menschen nach dem Ebenbild des allmächtigen Gottes geschaffen wurden und deshalb Könige und Königinnen sind, haben unsere Aussprüche bzw. Proklamationen eine ungeheure Macht (vgl. Offb 1,6).

Wenn wir Prophetie als Mittel zum Richten und Verurteilen benutzen, ist es kein Wunder, dass Menschen weiterhin mit ihren Fehlern und ihrem Versagen leben. Wir müssen darauf achten, dass unsere Zunge mit dem Herzen des Vaters in Einklang ist, damit wir nicht Verwalter des Todes, sondern Mitschöpfer Gottes werden, und mit ihm Leben erschaffen. In Wahrheit sollten wir mit so viel Liebe erfüllt sein, dass wir bereit sind, über den Menschen Leben, statt Tod auszusprechen.

Leider hat der Verkläger der Brüder die Heiligen als ein Gefäß benutzt, um andere Geschwister anzuklagen. Die Familie Gottes muss wieder zu einem sicheren Ort werden, an dem der Verkläger keine Stimme mehr in der Gemeinde hat, sondern nur Erbauung, Ermutigung und Trost zu hören sind. Wenn ich an geistlichen Ausbildungsstätten über den prophetischen Dienst lehre und Menschen darin schule, darf ich immer wieder erleben, wie Gott manches Herz verändert, das versucht wäre, Prophetie als Werkzeug zur Anklage und Verurteilung zu benutzen, und es in ein Gefäß der Liebe verwandelt, das aus dem Herzen des Vaters spricht.

Zum Abschluss dieses Kapitels möchte ich, dass du dir jetzt Zeit nimmst, folgendes Gebet mit mir zu sprechen:

Herr, vergib mir für jedes Mal, in dem ich irgendwelche Worte des Todes über jemanden ausgesprochen habe, auch über mich selbst. Ich entscheide mich, von nun an anders über Prophetie zu denken. Ich will aus neutestamentlicher Sicht prophezeien. Ich entscheide mich, Leben anstatt Tod auszusprechen. Mach mich zu einem Gefäß der Liebe, indem du meine Zunge mit deinem Herzen verbindest, Herr.

Kapitel 2

Prophetie entmystifizieren

Inspirierende Prophetie

Die Stimme Gottes zu hören hat für manche den Ruf des Mystischen, obwohl Prophetie für uns Gläubige eigentlich ein ganz normaler und alltäglicher Teil des Lebens sein sollte. Um prophetisch zu dienen, muss du dich nicht mystisch oder geheimnisvoll verhalten. Du kannst tatsächlich du selbst sein, denn Gottes Stimme zu hören, sollte für jeden Gläubigen normal sein.

Unter inspirierender Prophetie verstehe ich, dass jeder Gläubige aufgrund des Werks am Kreuz prophezeien kann. Prophetie ist nicht wie im Alten Testament den Propheten vorbehalten. Durch das Kreuz wurden wir alle in eine direkte Beziehung zu Gott gebracht, die es uns ermöglicht, uns ständig mit ihm zu unterhalten.

Prophezeien zu lernen ist so ähnlich, wie einen Schalter zu betätigen. Wir müssen uns dazu nicht anstrengen. Prophetische Worte weiterzugeben, macht dich nicht prophetisch, da du in deiner DNA als Christ bereits prophetisch bist. Du bist prophetisch, weil du durch das Kreuz eine Beziehung zu Gott hast, der gerne mit dir spricht. Wir können den Schalter umlegen, indem wir einfach in diesen oft übersehenen Aspekt unserer Identität eintreten.

Ich bin der Erste, der zugibt, dass ich am Anfang meines prophetischen Dienstes große Schwierigkeiten hatte. Als ich zum Glauben an Jesus kam, war ich ganz versessen, seine Stimme zu hören. Samstagabends, wenn alle meine Freunde feierten oder Videospiele spielten, ging ich immer stundenlang mit Gott spazieren und übte, seine Stimme zu hören. Auf meinen Spaziergängen bat ich Gott um prophetische Worte für Menschen, die ich kannte. Mit gezücktem Stift und Notizbuch wartete ich und brauchte gewöhnlich etwa eine halbe Stunde, um ein Wort zu bekommen, und mein Wort war etwas so kompliziert wie: „Jesus liebt dich."

Obwohl meine prophetischen Worte vage waren, sah Gott, dass ich hungrig nach seinem Wort war. Er sah jemanden, der mit Wenigem treu war, und deshalb konnte er viel geben. Wenn ich nun in einem Raum voller Menschen bin, kann ich jedem Einzelnen ein konkretes und detailliertes prophetisches Wort über sein Leben geben. Gott ehrt unseren Hunger, indem er ihn stillt. Wenn wir mit Wenigem treu sind, wird er uns viel geben.

> *Und es wird geschehen in den letzten Tagen, spricht Gott, dass ich von meinem Geist ausgießen werde auf alles Fleisch, und eure Söhne und eure Töchter werden weissagen, und eure jungen Männer werden Gesichte sehen, und eure Ältesten werden in Träumen Visionen haben* (Apg 2,17).

Das ist so gut. Die Worte „alles Fleisch" in diesem Vers sind aus dem Griechischen übersetzt und bedeuten „der ganze Leib". Dieser Vers besagt also, dass die ganze Gemeinde Zugang zur Stimme Gottes hat. Wer soll da weissagen? Die Söhne und Töchter! Die Söhne und Töchter des lebendigen Gottes werden prophezeien.

In Johannes 10,27 sagt Jesus: *„Meine Schafe hören meine Stimme, und ich kenne sie, und sie folgen mir."* Wenn du Jesus als deinen Hirten kennst, dann spricht er ständig zu dir.

In Lukas 4,4 (SLT) sagt Jesus: *„Der Mensch lebt nicht vom Brot allein, sondern von einem jeglichen Wort Gottes."* In der griechischen Sprache gibt es zwei Begriffe für „Wort": Es gibt *logos*, das „geschriebene Wort", welches sich auf die Schrift bezieht. Dann gibt es noch *rhema*, das „gesprochene Wort", womit das prophetische Wort gemeint ist. Als Jesus in diesem Vers sagte, dass der Mensch von jedem Wort Gottes lebe, war der Begriff, den er hier für „Wort" verwendete, *rhema*. Der Mensch soll nicht vom Brot allein leben, sondern von jedem gesprochenen Wort Gottes.

Das sind wirklich gute Nachrichten! Ganz egal, wer du bist im Leib Christi, Gott möchte zu dir sprechen, weil du sein Kind bist. Es gibt in der Gemeinde die fälschliche Annahme, dass nur Propheten prophezeien könnten. Die Bibel macht jedoch deutlich, dass wir alle durch das Kreuz in eine kommunikative Beziehung zu Gott gebracht wurden.

Im nächsten Kapitel werden wir einen Blick darauf werfen, auf welche verschiedenen Arten Gott spricht und wie wir unsere Ohren darauf einstellen können, um zu hören, was er sagt.

Der Dienst der Prophetie

Während jeder Gläubige prophezeien kann, gibt es Christen, die einen, wie ich es nenne, prophetischen Dienst ausüben. Dies sind nach meiner Auffassung Menschen, die ihre prophetische Gabe entfaltet und zur Reife gebracht haben. Eines der wichtigsten Merkmale und Eigenschaften von Menschen mit einem prophetischen Dienst besteht darin, dass sie in ihrem Dienst vor allem prophetisch dienen. Es sind jene Leute, denen eine Gemeindeleitung vertraut, sich um weitreichendere prophetische Angelegenheiten in der Gemeinde zu kümmern.

Das Amt eines Propheten

> *Und er hat die einen als Apostel gegeben und andere als Propheten, andere als Evangelisten, andere als Hirten und Lehrer, zur Ausrüstung der Heiligen für das Werk des Dienstes, für die Erbauung des Leibes Christi* (Eph 4,11-12).

Obwohl in der Bibel steht, dass jeder Gläubige prophezeien kann, müssen wir verstehen, dass nicht jeder, der prophezeien kann, auch ein Prophet ist. Propheten spielen in der Gemeinde eine große Rolle, wenn es darum geht, Gottes Wort zu hören und zu verkündigen; doch eine ihrer Hauptaufgaben besteht darin, die Gemeinde zu schulen und auszurüsten, damit sie das tun kann, was für sie normal sein sollte, nämlich Gottes Stimme zu hören. Dies unterscheidet einen Propheten von einem prophetisch begabten Menschen und jemandem, der einen prophetischen Dienst ausübt. Prophetisch begabte Leute prophezeien, während Propheten nicht nur prophezeien, sondern auch Leute darin schulen, ebenfalls zu prophezeien. Da Propheten die Gnadengabe in ihrem Leben haben, zu sehen und zu hören was Gott tut, besteht eine ihrer Aufgaben im Dienst darin, andere auszurüsten, dasselbe zu tun.

Der Wunsch eines jeden Propheten sollte sein, dass diejenigen, die er ausbildet, über das hinausgehen, was er selbst tut. Das ist wichtig, da die Leute in den Gemeinde diejenigen sind, die strategisch in ein gewisses Umfeld gestellt sind, um dort das Wort des Herrn weiterzugeben. Propheten, die ihre Aufgabe erfüllen und die Heiligen zum Dienst ausbilden und ausrüsten, bringen das Wort des Herrn von der Gemeinde in die Wirtschaft, Regierung, Bildung, Kunst, Unterhaltung, Medien und die Familie.

Wenn Propheten andere nicht schulen und zurüsten, erzeugt das eine ungesunde Abhängigkeit zwischen den Heiligen und den Propheten, dass sie das Wort Gottes für sie hören sollen. Daraus folgt, dass Propheten von Gott dazu bestimmt sind, Prophetien, Visionen, Träume, Engelbesuche und prophetische Begegnungen zu entmystifizieren und aufzuzeigen, dass sie für jeden Gläubigen verfügbar sind. Propheten sind diejenigen, die vom Herrn beauftragt sind, den richtigen Rahmen zu schaffen, damit der prophetische Dienst aus den Kinderschuhen herauswächst und zur Reife kommt.

Propheten tragen, was ich den „den Geist der Prophetie" nenne. Sehen wir uns folgende Stelle an:

> *Als sie dorthin an den Hügel kamen, siehe, da kam ihm [Saul] eine Schar von Propheten entgegen. Und der Geist Gottes kam über ihn, dass er in ihrer Mitte weissagte. Und es geschah, als alle, die ihn von früher her kannten, sahen, und siehe, er weissagte mit den Propheten, da sagten die Leute zueinander: Was ist denn mit dem Sohn des Kisch geschehen? Ist Saul auch unter den Propheten?* (1 Sam 10,10-11).

Propheten umgibt eine Sphäre der Autorität, sodass Menschen in ihrem Umfeld die Gnade haben, das für sich zu erschließen, was für die Propheten ganz natürlich und selbstverständlich ist. Wenn Menschen in der Nähe eines Propheten oder unter der Salbung eines Propheten sind, erleben sie oft, dass sie genauere prophetische Worte haben als sonst und dass sie auch mehr Visionen, Träume und prophetische Begegnungen haben.

Während Menschen, die in der Gabe der Prophetie wirken, in das Leben vieler Leute sprechen können, bekommen

Propheten oft Gunst, zu einflussreichen Persönlichkeiten zu sprechen. Wenn man ins Alte Testament schaut, sehen wir, dass Propheten die Aufmerksamkeit von Königen und Regierungsoberhäuptern hatten und zu ihnen sprechen konnten. Häufig gaben sie ganzen Nationen Wegweisung, was deren Richtung anging. Dasselbe kann man von den heutigen Propheten sagen. Propheten können Einfluss haben, um Regierungschefs, bedeutenden Persönlichkeiten in der Wirtschaft, prominenten Stars oder Gemeindeleitern das Wort des Herrn zu prophezeien. Im Neuen Testament sehen wir, dass der Apostel Paulus, der wahrscheinlich größte Apostel (abgesehen von Jesus), dem Prophet Agabus Gehör schenkte (vgl. Apg 21,10-11).

Prophetische Übung

In den letzten beiden Kapiteln haben wir gelernt, wie wir den prophetischen Dienst aus der Sicht des Neuen Testaments betrachten können, und dass wir alle Gottes Stimme hören sollten. Jetzt werden wir das üben und aktivieren, was wir gelernt haben.

Dies ist sehr wichtig. Du kannst dir Dutzende Lehren über Prophetie anhören und eine Menge Bücher zu diesem Thema lesen, wirst aber nicht lernen, die Stimme Gottes zu hören, wenn du dir nicht die Zeit nimmst, auf das zu hören, was er zu sagen hat. Es reicht nicht aus, einfach nur Lehre in deinem Herzen zu empfangen; wir müssen diese Samen der Offenbarung bewässern, damit sie zu unseren eigenen persönlichen Überzeugungen werden.

Bevor wir lernen, Gottes Stimme für andere zu hören, möchte ich dich durch eine Übung führen, in der du lernst, Gottes Stimme für dich selbst zu hören. Sei dir bewusst, dass Gott bei dieser Übung nur Dinge sagen wird, die dich aufbauen, ermutigen und trösten (vgl. 1 Kor 14,3). Er wird dich nicht niedermachen oder etwas Negatives über dich sagen. Gott möchte dich einfach als sein Kind ermutigen.

Nimm jetzt einfach eine Haltung ein, sodass du von Gott empfangen kannst und bring dein Herz und deinen Verstand vor ihm zur Ruhe.

Ich werde dich durch eine Reihe von Fragen führen, die du Gott stellen kannst. Denke daran, dass, der Heilige Geist ein Gott ist, der in dir wohnt, sodass du vielleicht keine hörbare Stimme hörst, sondern eher die leise und sanfte Stimme in deinem Herzen und deinem Verstand hören wirst. Eventuell ist eine Art, wie Gott zu dir sprechen möchte, auch, dass du Bilder vor deinem inneren Auge siehst.

Wenn du bereit bist, stelle dem Herrn folgende Frage: „Gott, wenn du ein Spiel mit mir spielen würdest, welches Spiel würdest du spielen?“

Sobald du spürst, dass Gott dir geantwortet hat, frage ihn weiter:

„Was hat dieses Spiel mit meinem Leben zu tun?“

Nun möchte ich, dass du den Herrn um Folgendes bittest:

„Gott, was denkst du von mir? Welche Worte der Ermutigung möchtest du jetzt in mein Leben sprechen?"

Wenn du merkst oder den Eindruck hast, dass Gott etwas zu dir über dein Leben spricht, ermutige ich dich, alles aufzuschreiben. Dadurch können wir uns besser daran erinnern, was Gott über uns ausgesprochen hat, und es hilft uns, zu guten Verwaltern des gesprochenen Wortes Gottes zu werden.

Kapitel 3

Die Sprache des Geistes

In 1. Samuel 3 wird uns eine Begebenheit im Leben von Samuel erzählt, bevor er ein Prophet wurde. Einmal, als Samuel neben der Bundeslade Gottes lag, rief der Herr mit hörbarer Stimme seinen Namen, aber Samuel hielt die Stimme fälschlicherweise für die seines Mentors Eli. Er stand auf und sagte zu Eli: „Hier bin ich, denn du hast mich gerufen."

Eli sagte Samuel, er habe seinen Namen nicht gerufen und er solle sich wieder hinlegen. Als Samuel sich hinlegte, rief der Herr ihn erneut beim Namen. Er ging erneut zu Eli, und erhielt die gleiche Antwort.

Dann rief Gott ihn ein drittes Mal zu sich, aber als er dieses Mal zu Eli ging, erkannte dieser, dass es Gott war, der zu Samuel sprach. Eli sagte zu Samuel: *„Geh hin, leg dich schlafen! Und so soll es sein, wenn er dich ruft, antworte: Rede, HERR, denn dein Knecht hört!"* (1 Sam 3,9).

Als Samuel sich zum vierten Mal niederlegte, rief Gott wieder seinen Namen, und diesmal antwortete er: *„Rede, denn dein Knecht hört!"*

Bevor er Prophet wurde, hatte Samuel also eine Begegnung mit der hörbaren Stimme des Herrn. Da er jedoch noch nicht damit vertraut war, wie Gott sprach, erkannte er gar nicht, dass Gott zu ihm gesprochen hatte. Wir haben bereits gesehen, dass laut der Bibel Gott zu jedem Gläubigen spricht. Aber obwohl er spricht, können wir seine Stimme oft nicht erkennen, weil wir die Sprache des Geistes noch nicht verstehen.

Wir werden uns nun die verschiedenen Arten ansehen, wie Gott in der Bibel zu seinem Volk gesprochen hat, damit wir mehr Klarheit darüber bekommen. Wie schon gesagt, ist Gott nicht darauf beschränkt, nur auf diese Art und Weise zu sprechen. Er kann sprechen, wie immer er will.

Das geschriebene Wort Gottes

> *Denn das Wort Gottes ist lebendig und wirksam und schärfer als jedes zweischneidige Schwert und durchdringend bis zur Scheidung von Seele und Geist, sowohl der Gelenke als auch des Markes, und ein Richter der Gedanken und Gesinnungen des Herzens* (Hebr 4,12).

Der griechische Begriff für „Wort“ in diesem Vers ist *logos*, was sich auf das geschriebene Wort Gottes bezieht. Gottes Wort ist lebendig und aktiv! Es ist eine gute Nachricht, dass die Bibel kein totes Wort ist. Sie ist lebendig, weil sie von Gott „eingehaucht“ ist. Jedes Wort und jeder Vers in der Bibel ist für uns wie ein offener Himmel, um Jesus zu begegnen, sodass er uns etwas offenbaren kann. Indem der Heilige Geist uns durch sein geschriebenes Wort lehrt, wird das *logos* für uns zum *rhema*.

Ich glaube, wenn wir jemals zur Reife im Sprechen eines prophetischen Jetzt-Wortes (*rhema*) kommen wollen, müssen wir im geschriebenen Wort verwurzelt sein. In Offenbarung 1,16 hat Johannes eine Begegnung mit Jesus, in der er ihn in himmlischer Gestalt sieht, und aus Jesu Mund kam ein zweischneidiges Schwert. Jeder von uns muss tief im *Logos-Wort* verwurzelt und vom *Rhema-Wort* völlig umgeben sein, damit er als zweischneidiges Schwert wirken kann. Als prophetische Menschen werden wir nie in der Lage sein, Gottes Stimme richtig zu unterscheiden, wenn wir nicht tief in der Heiligen Schrift verwurzelt sind.

Die leise sanfte Stimme

> *... Und nach dem Erdbeben kam ein Feuer; aber der HERR war nicht im Feuer. Und nach dem Feuer kam ein stilles, sanftes Sausen* (1 Kön 19,11-13).

Auch wenn wir dieses Reden Gottes als wenig eindrücklich oder übernatürlich erachten mögen, glaube ich, dass es das häufigste ist. Manche denken, dass Gott hörbar sprechen würde, wenn er etwas Wichtiges zu sagen hat, um seinen Standpunkt klar zu machen. Obwohl dies vorkommt, glaube ich, Gott will, dass wir ihm so nahe sind, um sein leises Flüstern hören zu können. Da der Heilige Geist ein uns innewohnender Gott ist, benutzt er auch Dinge wie unsere Gedanken und Gefühle, um mit uns zu kommunizieren. Wenn wir eng mit dem Herrn verbunden sind, ist unser Gehör so fein gestimmt, dass wir die Stimme des Heiligen Geistes von unseren eigenen Gedanken unterscheiden können.

Wenn Gott mir spezifische Worte der Erkenntnis für Veranstaltungen gibt, bei denen ich diene, empfange ich diese häufig, wenn ich zuvor mit ihm Zeit allein im Verborgenen verbringe, um mich auf meinen Dienst vorzubereiten. Gott spricht selten hörbar zu mir bzw. schickt mir einen Engel, der mir Dinge sagt wie: „Im morgigen Gottesdienst wird eine Frau anwesend sein, die einen krebsartigen Knoten unter der rechten Seite ihres Brustkorbs hat.“ Obschon Gott hörbar bzw. durch Engel sprechen kann, erhalte ich diese spezifischen Worte der Erkenntnis gewöhnlich durch einen spontanen Gedanken von Gott, und ich muss das Wort im Glauben empfangen.

Wenn wir prophetische Worte durch die leise sanfte Stimme Gottes erhalten, kommen diese oft als Gedanken zu uns. Wir müssen lernen, diesem kleinen Gedanken nachzugehen, bis er zu einem prophetischen Wort wird.

Einmal war ich in einem Buchladen und sah einen Mann, der alleine dasaß. Ich hatte den Eindruck, der Heilige Geist wolle, dass ich mich mit ihm unterhielte. Ich ging zu ihm hin und sagte: „Ich glaube, dass Gott heute noch spricht, und habe den Eindruck, dass er ein Wort für Sie hat."

Zu diesem Zeitpunkt hatte ich noch kein einziges Wort für ihn erhalten. Ich ging einfach im Glauben zu ihm, dass Gott etwas sagen würde. Plötzlich kam mir das Wort „Sohn" in den Sinn. Ich fing an das auszusprechen, was Gott mir gegeben hatte, und begann damit, ein Wort für ihn aus dem Herzen des Vaters zu holen.

Ich sprach zu dem Mann: „Ich glaube, Gott sagt mir gerade, dass Sie zwei Söhne haben, und dass Sie in den letzten zwei Wochen nachts wach im Bett gelegen haben und sich gewünscht hätten, mit Ihrem jüngeren Sohn besser emotional verbunden zu sein. Ich habe den Eindruck, dass Gott Ihnen sagt, dass Sie in den nächsten drei Monaten eine drastische Veränderung in der Beziehung zu Ihrem Sohn erleben werden."

Der Mann hatte Tränen in den Augen und bestätigte, dass alles, was ich gesagt habe, wahr sei.

Dann hatte ich das Gefühl, dass dieser Mann den Wunsch in seinem Herzen hatte, ein Unternehmen zu gründen. Also nahm ich diesen Eindruck als Grundlage und sagte: „Ich habe das Gefühl, Gott sagt, dass eine Geschäftssalbung auf

Ihrem Leben liegt und dass Sie in den letzten 15 Jahren versucht haben, mehrere Unternehmen zu gründen, die sich aber nicht so entwickelt haben, wie Sie es wollten. Sie fühlen sich jetzt frustriert und blockiert, weil Ihr Herzenswunsch sich nicht erfüllt hat."

Danach sagte ich: „Sie wollen eine Möbelschreinerei gründen, nicht wahr?" Er nickte schockiert mit dem Kopf, und ich sagte: „In den nächsten sechs Monaten werden Sie zwei gläubige Männer treffen, die Ihnen bei der Gründung Ihres Unternehmens helfen wollen. Ich glaube, Gott will Ihnen sagen, dass Sie diesen Männern vertrauen können, weil er ihnen vertraut."

Beachte, wie äußerst detailliert dieses Wort war, das ich diesem Mann über sein Leben gab; es kam jedoch nicht durch eine hörbare Stimme von Gott. Gott sprach durch meine Gedankengänge. Die meisten Propheten bzw. bekannten prophetischen Persönlichkeiten, die ich kenne, erhalten ihre äußerst detaillierten Worte durch die leise, sanfte Stimme Gottes. Wir sollten Menschen sein, denen Gott ein feines Gehör geben kann, um das Wort des Herrn zu hören, auch wenn er mit seinem leisesten Flüstern spricht.

Visionen

> *Und er sprach: Hört doch meine Worte! Wenn ein Prophet des HERRN unter euch ist, dem will ich mich in einer Erscheinung zu erkennen geben, im Traum will ich mit ihm reden. So steht es nicht mit meinem Knecht Mose. Er ist treu in meinem ganzen Haus; mit ihm rede ich von Mund zu Mund, im Sehen und nicht in Rätselworten, und die Gestalt des HERRN schaut er. Warum habt ihr euch nicht gefürchtet, gegen meinen Knecht, gegen Mose, zu reden?* (4 Mose 12,6-8).

Es gibt unterschiedliche Arten von Visionen, durch die Gott zu uns spricht:

Eine Vision vor dem inneren Auge

Bei einer Vision vor unserem inneren Auge zeigt uns Gott ein Bild oder einen Film auf der Leinwand unseres Verstandes. Viele glauben, eine Vision sei nur dann echt, wenn unsere normale Sicht ausgeblendet wird und wir das, was Gott uns zeigen will, mit unseren natürlichen Augen sehen. Das stimmt nicht. In Daniel 7,15 steht, dass Daniel durch die Visionen in seinem Kopf beunruhigt war. Das zeigt uns, dass sich Visionen in unseren Gedanken abspielen. Selbst ein undeutliches Bild vor dem inneren bzw. geistigen Auge kann eine Vision vom Herrn sein.

Eine Vision mit geschlossenen Augen

Bei einer Vision mit geschlossenen Augen öffnet Gott unsere „geistlichen Augen" für die geistliche Welt. Das bedeutet, dass wir geistliche Dinge nicht so klar sehen wie du und ich uns mit natürlichen Augen sehen können, sondern dass wir durch den Glauben im Geist sehen.

Eine offene Vision

Um eine offene Vision handelt es sich, wenn Gott unsere natürlichen Augen öffnet, damit wir geistliche Dinge klar erkennen können.

> *Er aber sagte: Fürchte dich nicht! Denn zahlreicher sind die, die bei uns sind, als die, die bei ihnen sind. Und Elisa betete und sagte: HERR, öffne doch seine Augen, dass er sieht! Da öffnete der HERR die Augen des Dieners, und er sah. Und siehe, der Berg war voll von feurigen Pferden und Kriegswagen um Elisa herum* (2 Kö 6,16-17).

Nachfolgend weitere Beispiele aus der Bibel, in denen es um Visionen geht:

- Apostelgeschichte 16,9-10
- Hosea 12,11
- Daniel 2,28
- Daniel 7,15
- Jeremia 1,11
- Apostelgeschichte 7,55-56
- Hesekiel 1,1
- Hesekiel 8,3
- Apostelgeschichte 26,19

Träume

Träume sind eine sehr alltägliche Sprache, durch die Gott mit uns kommunizieren will. Allerdings kommen nicht alle Träume, die wir haben, von Gott. Manche Träume sind von Gott, andere vom Feind und andere wieder von der Pizza, die wir am Abend zuvor gegessen haben. In der Heiligen Schrift können wir immer wieder sehen, dass Gott durch Träume und Traumdeutung gesprochen hat.

In der säkularen Welt war Sigmund Freud ein Pionier der Theorie, Träume seien ein Ausdruck unseres inneren Menschen, der mit dem Verstand kommuniziert. Er lehrte, wir würden uns selbst unbewusst durch Träume etwas mitteilen, wenn wir Probleme bzw. Fragen haben, die gelöst werden müssten. Die Bibel lehrt, dass Gott unser Traumleben benutzt, um zu uns zu sprechen.

Das hebräische Wort für „Traum" bedeutet etwas „festbinden". Wenn wir einen Traum vom Herrn haben, dann, weil er eine Botschaft fest an unser Herz binden will. Josef hielt über zwanzig Jahre lang an seinem Traum fest, bis er in Erfüllung ging. Die Verheißung, die er in seinem Traum erhalten hatte, gab ihm die Kraft, alle Prüfungen zu bestehen.

Symbolik ist bei der Traumdeutung unglaublich wichtig, da man nur manche Träume eins zu eins übernehmen kann, die meisten aber Symbole enthalten. In der Traumdeutung ist es wichtig, Dinge wie Farben und Zahlen zu verstehen. Das Wichtigste, das ich dir bezüglich Traumdeutung mitgeben kann, ist zu lernen, wie der Heilige Geist zu dir spricht. Da wir alle im Leben Unterschiedliches erlebt haben, kann ein Symbol für die eine Person etwas anderes bedeuten als für die andere. Ich verstehe das so: Wenn ich im Traum ein Pferd sehe, steht es für mich in der Regel als ein Symbol für das Wirken des Geistes Gottes. Wenn jemand anderer ein Pferd sieht, könnte es für ihn ein Symbol für seine Vergangenheit sein, wenn er auf einem Bauernhof aufgewachsen ist. Der beste Weg zu lernen, Träume richtig zu interpretieren, ist also zu lernen, wie der Heilige Geist zu uns spricht. Auf diese Weise sind wir nicht versucht, ein System zur Traumdeutung zu schaffen. Wenn wir versuchen, Träume ohne die Hilfe des Heiligen Geistes zu deuten, werden wir am Ende fleischliche Interpretationen erhalten.

> *Da sagten sie zu ihm: Wir haben einen Traum gehabt, aber es gibt keinen, der ihn deute. Da sagte Josef zu ihnen: Sind die Deutungen nicht Gottes Sache? Erzählt mir doch!* (1 Mose 40,8).

Eine gute Übung, um dein Traumleben zu intensivieren, ist ein Notizbuch neben deinem Bett zu haben, damit du deine Träume aufschreiben kannst. Dadurch kann dein Traumleben zunehmen, denn du handelst im Glauben und in der Erwartung, dass der Herr in den Nachtstunden zu dir sprechen wird. Wenn wir unsere Träume bewusst aufschreiben, erweisen wir uns als gute Verwalter des Wortes Gottes. Ich weiß von vielen, die dies praktiziert und in ihrem Traumleben eine drastische Zunahme erlebt haben.

Die hörbare Stimme Gottes

> *... Da kam eine Stimme aus dem Himmel: Ich habe ihn verherrlicht und werde ihn auch wieder verherrlichen* (Joh 12,28).

Unter der hörbaren Stimme Gottes verstehen wir Gottes hörbares Sprechen im Gegensatz zu seiner leisen, sanften Stimme. Obwohl ich viele erfahrene Propheten kenne, die Gottes hörbare Stimme gehört haben, kommt es normalerweise nicht häufig vor, dass Gott so zu ihnen spricht. Selbst erfahrene Propheten hören Gott in der Regel am häufigsten durch seine leise, sanfte Stimme sowie durch Träume und Visionen. Ich selbst habe den Herrn oftmals hörbar sprechen gehört, und doch ist es nicht die häufigste Art und Weise, wie Gott zu mir spricht.

Trancen

> *Ich war in der Stadt Joppe im Gebet, und ich sah in einer Verzückung eine Erscheinung, wie ein Gefäß herabkam, gleich einem großen leinenen Tuch, an vier Zipfeln herabgelassen aus dem Himmel; und es kam bis zu mir* (Apg 11,5).

Das Wort Trance mag uns an die Praktiken des New Age erinnern. Die Bibel zeigt uns jedoch, dass Gott heute noch auf diese Art und Weise spricht. Der Feind kann nichts erschaffen, wird aber versuchen zu stehlen und zu pervertieren, was Gott bereits erschaffen hat. Es ist an der Zeit, dass wir alles zurückfordern, was Gott für seine Kinder gedacht hat.

Das Wort „Trance" bedeutet im Griechischen *extasis* und stammt von dem Wort *existemi* ab, das wörtlich „Ekstase" bedeutet. Die Definition von Ekstase lautet: Die Veränderung des Bewusstseins einer Person in einen höheren, von Gott gegebenen Zustand zum Zweck der Unterweisung.[1]

In Apostelgeschichte 11,5 heißt es, dass Petrus, als er in Trance war, eine Vision sah. Eine Trance ist ein Zustand des erweiterten Bewusstseins, in den wir fallen können, damit wir klar hören können, was der Heilige Geist zu uns spricht. Trancen sind eigentlich eine sehr verbreitete Sache, die du vielleicht schon erlebt hast, ohne dir dessen bewusst zu sein. Ich werde nur Begriffe hinzufügen und dir die Bedeutung spiritueller bzw. geistlicher Erfahrungen aufzeigen, die oft übersehen werden. Kennst du dieses Gefühl zwischen Wachsein und Schlafen? Dein Geist beginnt, dir Dinge zu zeigen, an die du im Wachzustand nie gedacht hättest. Das passiert nicht jedes Mal, ich glaube aber, dass es sich dabei oft um eine Trance handelt.

Hier ist ein weiteres Beispiel für eine Trance: Warst du während des Gottesdienstes schon einmal so sehr von der Gegenwart des Herrn überwältigt, dass du deine Aufmerksamkeit nicht von ihm lassen konntest, selbst wenn du es gewollt hättest? Wenn ja, dann hast du eine Trance erlebt. In diesen Momenten befinden wir uns in einem erhöhten Bewusstsein dessen, was Gott gerade tut und sagt. Das ist eine Trance, die vom Herrn kommt.

Gott spricht durch Träume, Visionen und Trancen, weil sie unseren Intellekt und unsere Logik umgehen, sodass unsere Logik dem Reden Gottes nicht Wege steht.

---

[1] Direkt aus dem Engl. Anm. d. Übers.

Es spricht, der die Worte Gottes hört, der ein Gesicht des Allmächtigen sieht, der niederfällt mit enthüllten Augen (4 Mose 24,4).[2]

Gemeinschaft

Als prophetische Leute haben wir den Glauben, dass Gott manchmal auf äußerst übernatürliche Weise zu uns sprechen kann. Wir glauben, dass Gott durch himmlische Erfahrungen, durch Feuer vom Himmel und durch Zeichen und Wunder zu uns sprechen kann. Dennoch übersehen wir oft eine der häufigsten Möglichkeiten, wie Gott zu seinen Kindern sprechen will: durch enge und transparente Beziehungen.

Ich habe zahlreiche prophetisch begabte Leute getroffen, die mir Folgendes gesagt haben: „Vor ein paar Jahren konnte ich Gott kristallklar hören, aber dann kam eine Zeit, in der seine Stimme gedämpft schien. Ich dachte, es wäre nur für eine kurze Zeit so, aber nun dauert es schon Jahre.

Es gibt eine Vielzahl verschiedener Gründe, warum wir Gottes Stimme als gedämpft erleben. Mir ist jedoch aufgefallen, dass Gott bei einer solchen momentanen Verbindungsstörung oft tatsächlich immer noch spricht; er versucht nur, auf eine Weise zu uns zu sprechen, die uns noch nicht vertraut ist, und möchte häufig unsere Fähigkeit, sein Wort zu empfangen, erweitern. Oftmals erleben prophetisch begabte Menschen Zeiten wie diese, weil Gott ihnen beibringen möchte, wie sie ihn durch die Gemeinschaft hören bzw. erfahren können. Wenn wir uns jedoch dieser Art des Hörens verschließen, fühlt es sich für uns so an, als würde Gott schweigen.

---

[2] Wortlaut der King James Bibel: *„Es hat gesprochen, der die Worte Gottes hört, der ein Gesicht des Allmächtigen sah, der mit offenen Augen in eine Trance fällt."* Direkt aus d. Engl. – Anm. d. Übers.

Gott liegt es sehr auf dem Herzen, dass jeder in seine Familie eingebettet ist und in transparenten Beziehungen lebt. Überall in der Heiligen Schrift können wir sehen, dass Gott Beziehungen wichtig sind und dass er häufig Menschen benutzt, um durch sie zu reden.

Engel

> *Ein Engel des Herrn aber redete zu Philippus und sprach: Steh auf und geh nach Süden auf den Weg, der von Jerusalem nach Gaza hinabführt! Der ist öde* (Apg 8,26).

Manche Leute fühlen sich unwohl, wenn ich von Engeln spreche, aber in Wirklichkeit benutzt Gott immer noch Engel, um zu sprechen und den Menschen zu dienen. Engel sind ein Teil des Reiches Gottes. Wenn wir Lehren über andere Aspekte des Reiches Gottes wie Frieden und Freude hören, fühlen wir uns auch nicht unwohl, also sollte das auch in Bezug auf Lehren über Engel gelten. In Hebräer 1,14 steht: *„Sind sie nicht alle dienstbare Geister, ausgesandt zum Dienst um derer willen, die das Heil erben sollen?"*

Es gibt zahlreiche Berichte über Engel in der Bibel, und meist sind dabei Menschen involviert. Wenn sich in der Bibel etwas sehr Bedeutendes ereignete, werden oft Engel erwähnt.

Ich bin fest davon überzeugt, dass wir als Gläubige die geistliche Welt erfahren können. Ich werde nun eine Geschichte erzählen, um dir eine Vorstellung davon zu geben, wie eine Engelbegegnung aussehen kann.

Vor ein paar Jahren durchlebte ich eine sehr schwierige Zeit. Es war eine Zeit, in der ich viel Entmutigung in Bezug auf meine Berufung im Dienst erlebte, und in der sich verschiedene Umstände gegen mich auftürmten, die mir viel Sorge bereiteten.

Eines Abends lag ich im Bett und bat den Herrn kurz vor dem Einschlafen um Hilfe und Gnade, um in der Zeit, die ich damals durchmachte, standfest bleiben zu können. Als ich einzuschlafen versuchte, sah ich etwas in meinen Augenwinkeln. Als ich hinschaute, sah ich etwas, das aussah wie ein kleiner Mann in einem hellblauen Gewand. Von seinem Alter her sah er aus, als wäre er Ende Zwanzig. In seinen Händen hielt er ein Buch, als würde er lesen. Da sprach der Heilige Geist zu mir und sagte: „Ich habe diesen Engel zu dir gesandt, damit er dir im Schlaf dient, indem er die Proklamationen des Herrn über dir ausspricht.

In derselben Nacht hatte ich einen sehr bedeutungsvollen Traum vom Herrn, der eine Veränderung in meiner Lebensphase einleitete. Diese Engelbegegnung eröffnete mir einen Weg, aus meiner Entmutigung herauszukommen, und führte mich in eine Zeit hinein, in der ich in meiner Berufung zunehmend einflussreicher wurde.

Auch wenn Dinge wie Engelbegegnungen scheinbar außerhalb unseres Vorstellungsvermögens liegen, müssen wir eine demütige Haltung einnehmen, damit uns der Herr so dienen kann, wie er es will.

Prophetische Begegnungen

Prophetische Begegnungen sind eine andere Art, wie Gott heute noch spricht. Einige dieser Begegnungen beinhalten außerkörperliche Erfahrungen (vgl. 2 Kön 5,26), geografisches Versetztwerden (vgl. Apg 8,26-40), Zeichen und Wunder, Begegnungen im dritten Himmel (vgl. Hes 1, Jes 6, 2 Kor 12,1-3) und Besuche des Herrn selbst (vgl. Apg 9, Offb 1).

Fazit

Manchmal schränken wir unsere Fähigkeit, den Herrn zu hören, aufgrund unserer Erwartungen, wie er sprechen sollte, ein. Tatsache ist, dass Gott so sprechen kann, wie er will, und wenn wir uns aussuchen wollen, wie er sprechen sollte, ist es gut möglich, dass wir das Wort des Herrn verpassen.

Erinnern wir uns an Johannes 12, als Jesus eine Gruppe von Menschen in Gleichnissen lehrte. In den Versen 28 und 29 sprach Jesus: *„Vater, verherrliche deinen Namen! Da kam eine Stimme aus dem Himmel: Ich habe ihn verherrlicht und werde ihn auch wieder verherrlichen. Die Volksmenge nun, die dastand und zuhörte, sagte, es habe gedonnert; andere sagten: Ein Engel hat mit ihm geredet.“*

Wir müssen uns das vorstellen: Eine Stimme kam vom Himmel herab und sprach hörbar zu den Menschen, aber nur einige hörten eine Stimme, während andere es donnern hörten. Was war der Unterschied zwischen denen, welche die Stimme hörten, und denen, die es donnern hörten? Einige hatten ihr Herz so ausgerichtet, dass sie das Wort des Herrn hören konnten, wie auch immer Gott sprechen würde, andere hingegen nicht.

Wir müssen uns dafür öffnen, dass der Herr zu uns sprechen kann, wie immer er es möchte. Es gibt vor allem zwei Gründe, warum wir dem Herrn nicht auf unterschiedliche und außergewöhnliche Weisen begegnen: Erstens, weil wir es nicht erwarten, und zweitens, weil wir ihn bewusst nicht darum bitten.

Ich möchte dich ermutigen, die verschiedenen Arten, wie Gott spricht, nochmals durchzugehen, und den Heiligen Geist zu bitten, dir eine Erwartungshaltung zu geben, dass er auf jede dieser Arten zu dir spricht. Wenn du ihn bittest, dann lass ihn eine Erwartung in deinem Herzen erzeugen, dass er dies auch tun wird. Häufig sprechen wir zwar die entsprechenden Gebete, glauben aber tief in unserem Herzen nicht, dass wir solcher Erfahrungen würdig sind. Wir denken, dass unsere Freunde oder andere in unserer Familie solche Segnungen eher erleben als wir. Die Wahrheit ist aber, dass du Gottes Lieblingskind bist. Er hat dich auserwählt und sehnt sich danach, dass du seine Stimme hörst.

Kapitel 4

Die drei Aspekte von Prophetie

Es gibt drei Aspekte der Prophetie: das Empfangen des Wortes, die Auslegung des Wortes und die Weitergabe des Wortes. Um das Wort Gottes zu sprechen, müssen wir lernen, alle drei Aspekte zu beherrschen. Wir schauen uns jeden dieser drei Aspekte an, um zu lernen, wie wir den prophetischen Dienst gut ausüben können.

Das Wort empfangen

Der erste Aspekt der Prophetie ist das Empfangen des Wortes.

Es ist eigentlich unglaublich einfach, ein Wort für jemanden zu empfangen. In Psalm 139,17-18 steht: *„Und wie kostbar sind mir deine Gedanken, o Gott! Wie ist ihre Summe so gewaltig! Wollte ich sie zählen — sie sind zahlreicher als der Sand. Ich erwache und bin noch bei dir."*

Tatsache ist, dass Gott über jeden Menschen unzählige gute Gedanken hat. Seine Gedanken über uns sind zahlreicher als die Sandkörner. Alles, was wir tun müssen, um jemanden mit einem prophetischen Wort zu ermutigen, ist, uns in einen dieser Gedanken einzuklinken.

Zunächst möchte ich jedoch noch etwas sehr Wichtiges klarstellen, um unnötige Spannungen abzubauen. Wenn du mit aufrichtigem Herzen ein prophetisches Wort empfängst oder weitergibst und dein Wort nicht hundertprozentig korrekt ist, bedeutet dies nicht, dass du ein falscher Prophet bist. Es bedeutet, dass du am Lernen bist. Du sollst wissen, dass du Fehler machen darfst, wenn du lernst, Gottes Stimme zu hören.

Eine der häufigsten Fragen, die mir gestellt werden, wenn ich Menschen im prophetischen Dienst ausbilde und zurüste, ist, wie wir den Unterschied zwischen Gottes Stimme und unseren eigenen Gedanken erkennen können. Das ist eine sehr berechtigte Frage, wenn man bedenkt, dass es verschiedene Einflüsse aus der geistlichen Welt gibt, die wir hören können. Wir müssen lernen, den Unterschied zwischen der Stimme des Heiligen Geistes, unseres eigenen Geistes und Verstandes, und manchmal auch von dämonischen Geistern und der Engelwesen zu erkennen. Ich werde dir einige Tipps geben, wie du ein Wort empfangen und erkennen kannst, ob es die Stimme des Herrn ist oder nicht.

Als Erstes solltest auf den Herrn warten.

Was siehst und hörst du?

Wenn du ein prophetisches Wort vom Herrn für jemanden empfängst, wird das Wort häufig durch die leise sanfte Stimme oder durch eine Vision vor deinem inneren bzw. geistigen Auge kommen. Das ist nicht immer der Fall, aber wie bereits erwähnt, ist dies die häufigste Art und Weise, wie Gott uns prophetische Botschaften zukommen lässt.

Denke daran, dass dein prophetisches Wort immer erbauend, ermutigend und tröstend sein sollte.

Wenn Menschen prophezeien lernen, werden sie manchmal mehr Negatives als Positives in den Menschen sehen. Auch wenn wir zuweilen durch unser Unterscheidungsvermögen das Negative sehen, sollte uns das nicht davon abhalten, das Gute und das Potenzial in einem Menschen zu sehen. Vergiss nicht: Wahrhaft prophetisch zu sein, bedeutet, über vergangenes Versagen und unsere Vermutungen hinwegzusehen und zu erkennen, wozu die Person geschaffen wurde.

Manche sehen anfangs eher negative als positive Bilder, obwohl sie Menschen erbauen möchten. Dies kann daher kommen, dass ihre visionäre Sicht verschmutzt ist. Wenn Menschen in der Vergangenheit zum Beispiel mit Pornografie zu tun hatten oder Horrorfilme geschaut haben, kann die Sicht getrübt bzw. verschmutzt sein, weil sie anfälliger dafür sind, negative Dinge zu sehen. Wenn du diese Neigung beim Versuch zu prophezeien bei dir bemerkst, bitte einfach den Herrn, deine getrübte Linse zu reinigen. Gott wird damit beginnen, dein Sehvermögen neu zu prägen.

Stimmt das Wort, das du erhalten hast, mit der Bibel überein?

Wir müssen uns stets bewusst sein, dass sich das prophetische Wort Gottes immer dem geschriebenen Wort Gottes unterordnet. Ich bin Leuten begegnet, die das nicht so sehen, aber alles, was wir denken, vom Herrn zu hören, sollte von der Bibel untermauert sein.

Wenn ich eine Gruppe oder Gemeinde im Prophetischen schule, gibt es bei mir die Standardregel, dass es keine Prophetien über Zeitpunkte, Ehepartner oder Babys geben sollte. Damit meine ich, dass wir nicht darüber prophezeien sollten, wen jemand heiraten wird, mit wem jemand eine

Beziehung beginnen wird oder wann jemand wie viele Kinder bekommen wird.

Der Grund dafür ist, dass es einfach Dinge gibt, die zu sensibel sind, wenn wir noch am Üben sind, prophetische Worte zu empfangen. Wir alle sind Lernende und in unserer Fähigkeit, Gottes Stimme zu hören, noch am Wachsen. Bei solch sensiblen Themen wie diesen, glaube ich, möchte Gott lieber persönlich zu uns sprechen, da wir alle Fehler machen können.

Versuche nicht die physische Erscheinung einer Person als Vorlage dafür zu benutzen, um ein Wort für sie zu erhalten.

Als Samuel in 1. Samuel 16 einen neuen König über Israel salben sollte, sprach Gott in Vers 7 zu ihm: *„Sieh nicht auf sein Aussehen und auf seinen hohen Wuchs! Denn ich habe ihn verworfen. Denn der HERR sieht nicht auf das, worauf der Mensch sieht. Denn der Mensch sieht auf das, was vor Augen ist, aber der HERR sieht auf das Herz."* Samuel war ein sehr erfahrener Prophet, doch Gott hielt es für notwendig, ihn an diesen Punkt zu erinnern.

Für mich war Simson immer eine interessante Person in der Bibel. Simson ist der stärkste Mann, der in der Bibel erwähnt wird, doch über seine Größe oder Muskelkraft wird nichts ausgesagt. Das Aussehen und die Größe Goliaths werden jedoch sehr detailliert beschrieben. Wenn man also bedenkt, dass Simson den Ruf hatte, stärker zu sein, würde man annehmen, dass seine Größe erwähnt werden würde. Der Grund dafür, dass seine Größe nicht erwähnt wurde, war meines Erachtens der, dass Simson wahrscheinlich ein Mann von normaler Größe war. Tatsache ist, dass Gott Größe in menschlichen Gefäßen verbirgt. Als prophetisch begabte Menschen ist es unsere Aufgabe, hinter unsere Menschlichkeit und Normalität zu schauen, um das göttliche Wesen Christi zu erkennen.

Stelle nicht vorher Vermutungen darüber an, was Gott sagen wird.

Im prophetischen Dienst sind wir versucht zu glauben, die detailliertesten Worte seien am wirkungsvollsten. Es muss uns aber wirklich klar sein, dass Gottes Wort nicht gesalbt ist, nur weil es sehr präzise ist. Es ist gesalbt, weil Gott es gesagt hat.

Als Gott mich diese Lektion lehrte, diente ich gerade im Ausland. Eines Tages sprach der Heilige Geist auf meiner Dienstreise zu mir und sagte: „In zwei Tagen wirst du einen Mann treffen, der einen gebrochenen Knochen in seiner rechten Hand hat, und zwar direkt unter seinem kleinen Finger."

Ich war aufgeregt, da dieses Wort ziemlich detailliert war, sodass ich sicher sein konnte, dass dieser Mann heftig von der Liebe Gottes getroffen werden würde, wer immer er auch war.

Zwei Tage später ging ich mit einer Gruppe von etwa zwanzig Personen durch die Innenstadt. Wir gingen an einem Straßenmusiker vorbei, der Gitarre spielte und sang. Als der Mann mich sah, hörte er mitten im Lied auf zu spielen, zeigte auf mich und sagte: „Du! Komm mal her!"

Ich verstand nicht so recht, was vor sich ging, und ging zu ihm hinüber, um ihm die Hand zu schütteln und mich vorzustellen. Der Mann stoppte mich und sagte: „Ich kann dir meine Hand nicht geben. Ich habe sie gestern gegen eine Wand geschlagen und mir dabei einen Knochen gebrochen."

Ich sagte zu ihm: „Du hast dir den Knochen direkt unter dem kleinen Finger gebrochen, nicht wahr?"

Daraufhin sagte er: „Ja, woher wusstest du das?"

Ich erwiderte dem Mann: „Nun, ich bin Christ, und Gott hat zu mir gesprochen und mir gesagt, dass ich einen Mann treffen würde, der sich einen Knochen in der rechten Hand unterhalb seines kleinen Fingers gebrochen hat. Wenn du mich für dich beten lässt, wird Gott deine Hand heilen."

„Ich will dein Gebet nicht!", rief der Mann mir zu.

Ich war ein wenig verblüfft, dass das präzise Wort der Erkenntnis keine Wirkung auf ihn hatte. Dann sprach der Heilige Geist zu mir und sagte: „Da das detaillierte Wort der Erkenntnis nicht funktioniert hat, sage ihm, dass er ein guter Mensch ist und ich sein Herz liebe.

Ich sah dem Mann in die Augen und sprach zu ihm: „Weißt du, du bist ein guter Mensch, und Gott liebt dein Herz sehr."

Augenblicklich brach dieser harte Mann schluchzend zusammen und übergab sein Herz Jesus.

Ich finde die Kraft des Wortes Gottes wirklich erstaunlich. Als prophetisch begabte Menschen müssen wir wirklich lernen, diese Lektion zu beherzigen. Gottes Wort ist nicht gesalbt, weil es präzise ist. Es ist gesalbt, weil Gott es gesprochen hat.

> *Der Herr, HERR, hat mir die Zunge eines Jüngers gegeben, damit ich erkenne, den Müden durch ein Wort aufzurichten. Er weckt mich, ja Morgen für Morgen weckt er mir das Ohr, damit ich höre, wie Jünger hören* (Jes 50,4).

Wir können unsere Ohren tatsächlich trainieren, die konkreten Gedanken des Herrn zu hören und ein Wort zur rechten Zeit zu sprechen. In diesem Fall öffnete nicht das präzise prophetische Wort das Herz dieses Mannes dem Herrn, sondern ein Wort zur rechten Zeit.

Das Wort auslegen

Der zweite Aspekt von Prophetie ist die richtige Interpretation bzw. Auslegung des Wortes. Eine Auslegung ist in der Regel nur dann erforderlich, wenn Gott durch Visionen oder

Bilder spricht. Wenn Gott dir in deinem Geist eine bildliche Vision für jemanden gibt und du nicht weißt, was sie bedeutet, dann bitte den Heiligen Geist. Der Heilige Geist wird dir die Auslegung geben oder auch nicht. Manchmal offenbart Gott der Person, die prophezeit, die Auslegung nicht, weil die Botschaft etwas Vertrauliches zwischen Gott und dem Empfänger des Wortes ist. Wenn er dir keine Auslegung gibt, dann teile einfach mit, was der Herr dir gezeigt hat, anstatt zu versuchen, eine Auslegung zu konstruieren.

Eine Freundin von mir erzählte mir vor langer Zeit eine Geschichte. Einmal, als sie für eine Frau um innere Heilung betete, wartete sie auf den Herrn. Plötzlich sah sie vor ihrem geistigen Auge ein sehr banales Bild. Es war das Bild einer Gummiente. Sie bat den Heiligen Geist um eine Deutung für diese bizarre Vision. Der Heilige Geist sagte ihr, dieses Bild sei ein persönliches Wort zwischen ihm und der Frau, weshalb er ihr die Auslegung nicht geben wollte.

Meine Freundin teilte der Frau dann das Bild von der Gummiente mit, worauf diese zu schluchzen begann. Diese banale Vision war tatsächlich ein ganz entscheidender Faktor, damit diese Frau eine tiefe innere Heilung in ihrem Herzen erfahren konnte.

Das Wort weitergeben

Es ist unglaublich wichtig, prophetische Worte mit Integrität weiterzugeben, da ein vollkommen gutes prophetisches Wort durch eine falsche Weitergabe ruiniert werden kann. Erinnern wir uns an den Traum Josefs in 1 Mose 37,5-8: Josef hatte ein Wort von Gott, aber seine Mitteilung kam bei den Hörern nicht besonders gut an, sodass es für ihn in einem Desaster endete.

Hier sind einige Tipps, wie man ein Wort richtig weitergibt:

- Bringe deine Haltung, deinen Ton und deinen Wesensausdruck mit dem Inhalt des Wortes, das Gott spricht, in Einklang. Wenn du das Wort weitergibst, sollten deine Geisteshaltung, deine Haltung, dein Ton und dein Wesen Christus repräsentieren. Du brauchst dabei deine Stimme nicht zu erheben, damit das Wort gesalbt klingt. Das Wort ist gesalbt, weil Gott es gesprochen hat.

- Wenn du ein Wort weitergibst, musst du nicht gekünstelt oder in der Sprache alter Bibelübersetzungen sprechen und sagen: „So spricht der Herr." Vermittle es am besten so: „Ich habe den Eindruck, dass der Herr sagt ..." Auf diese Weise werden unnötige Spannungen abgebaut, während du dein Wort weitergibst. Dieser Ansatz zeigt Demut und entmystifiziert den prophetischen Dienst.

- Sei du selbst! Wenn du ein prophetisches Wort weitergibst, lass dich nicht dazu verleiten, wie jemand anderes auszusehen oder zu klingen. Gott möchte dich genau so benutzen, wie du bist.

- Wenn ich in Gemeinden oder Diensten versuche, eine prophetische Mentalität bzw. Kultur zu entwickeln, möchte ich, dass die Bitte um Feedback, wenn man ein prophetisches Wort weitergegeben hat, Teil dieser Kultur wird. Ich tue dies aus zweierlei Gründen. Erstens gibt es den Leuten einen „Ausweg", wenn sie das Gefühl haben, dass sie ein unzutreffendes prophetisches Wort erhalten haben. Wir sollten Leute niemals so manipulieren, dass sie unsere prophetischen Worte annehmen, nur weil es uns verunsichert, wenn wir uns geirrt haben. Wir müssen die Menschen ehren, indem wir ihnen die Möglichkeit geben, ihre Meinung zu dem Gesagten auszudrücken. Zweitens bitten wir um Rückmeldung, damit wir, wenn ein Teil unseres Wortes daneben liegt, es das nächste Mal besser machen können. Auf diese Weise können wir kontinuierlich unsere prophetische Gabe entwickeln und auch in der Weitergabe des Wortes wachsen.

Eine prophetische Übung

Nun, da wir gelernt haben, wie man ein prophetisches Wort empfängt, auslegt und weitergibt, wollen wir das, was wir gelernt haben, in die Praxis umsetzen. In der letzten Übung ging es darum, Gottes Stimme für uns selbst zu hören, während wir diesmal üben werden, Gott für eine andere Person zu hören.

Wir werden dies so machen, dass wir Gott eine Frage für eine andere Person stellen. Prüfe das, was du hörst, anhand der Tipps, die ich in diesem Kapitel gegeben habe, damit du beurteilen kannst, ob das Wort, das du erhalten hast, auch von Gott ist.

Nimm jetzt eine Haltung des Empfangens vor Gott ein. Dann bitte den Herrn, dir eine Person in Erinnerung zu rufen, die er durch dich ermutigen möchte.

Wenn Gott dich an jemanden erinnert hat, stelle ihm folgende Frage:

„Gott, wenn diese Person ein Tier wäre, welches Tier wäre sie dann?“

Sobald du etwas von Gott empfangen hast, frage weiter:

„Was hat dieses Tier mit ihrem Leben zu tun, und wie möchtest du diese Person dadurch ermutigen?

Zum Beispiel könnte dir beim Hören eine Eule eingefallen sein, da diese Person viel Weisheit von Gott hat.

Nun eine weitere Frage, die du Gott stellen kannst:

„Herr, wäre diese Person eine Farbe, welche Art von Farbe wäre sie? Welchen Zusammenhang hat diese Farbe mit ihrem Leben?“

Wenn du denkst, vom Herrn gehört zu haben, bitte ihn um Klarheit, wie und wann du dieses Wort am besten an die betreffenden Person weitergeben könntest. Erinnere dich bei der Weitergabe des Wortes an die Tipps, die ich dir dazu gegeben habe.

Kapitel 5

Prophetische Worte prüfen

Den Geist löscht nicht aus! Weissagungen verachtet nicht, prüft aber alles, das Gute haltet fest! (1 Thess 5,19-21).

Ich möchte dir nun zeigen, wie du beurteilen kannst, ob ein Wort vom Herrn ist oder nicht, wenn dir jemand ein prophetisches Wort gibt. Prophetische Worte zu prüfen, ist wahrscheinlich eine der wichtigsten Lektionen, die wir lernen müssen, wenn wir Teil einer prophetischen Gemeinschaft sind. Verstehen wir nicht, wie wir ein „gutes Wort" von einem „schlechten Wort" unterscheiden können, kann das viel Schaden anrichten, wenn wir prophetisch reden bzw. Empfänger des Wortes von anderen sind. Ich bin schon vielen Menschen begegnet, die verletzt wurden, weil sie nicht wussten, wie sie ein prophetisches Wort von jemandem prüfen sollten. Dies führte dazu, dass sie das Gefühl hatten, an ein Wort gebunden zu sein, das nicht von Gott war.

Als prophetischer Leiter gehört es zu meinen Aufgaben, prophetische Gemeinschaften aufzubauen und zu begleiten. Ich schule Leute vor allem darin, wie man prophetisch redet. Um gesunde Gemeinschaften zu schaffen, in denen die Stimme des Herrn alltäglich wird, müssen die Leute jedoch darin geschult werden, prophetische Worte richtig zu beurteilen. Wenn ich den Leuten nur beibringe, wie man prophetisch redet, ohne sie zu lehren, wie man Worte richtig beurteilt, hätten wir am Ende eine dysfunktionale Kultur in den Gemeinden und wüssten nicht, was im prophetischen Dienst angemessen ist.

> *Von den Propheten aber sollen zwei oder drei reden, und die anderen sollen urteilen* (1 Kor 14,29).

Wenn ich zum ersten Mal in eine Gemeinde eingeladen werde, um dort eine prophetische Kultur aufzubauen, kommen die Leute häufig auf mich zu und bitten mich, ihnen zu sagen, ob das Wort, das sie von jemandem erhalten haben, von Gott sei oder nicht. Da es noch keine solide prophetische Kultur in jener Gemeinde gibt, hängt die prophetische Integrität zunächst völlig von meiner Anwesenheit ab. Nachdem ich die Leute jedoch darin geschult habe, Worte richtig zu beurteilen, können sie unterscheiden, ob etwas vom Herrn kommt oder nicht, insbesondere, wenn jemand ein schlechtes Wort an sie weitergibt. Wenn es nicht von Gott ist, wissen sie, wie sie das Wort höflich ablehnen können. Auf diese Weise entstehen prophetische Gemeinschaften, die selbstständig und nicht darauf angewiesen sind, dass ständig die Leiterschaft eingreifen muss, damit sie im Prophetischen vorwärtskommen.

Es ist unbedingt notwendig, dass wir als prophetisch begabte Menschen jedes Wort, das uns gegeben wird, beurteilen bzw. prüfen, bevor wir es auf unser Leben anwenden. Dies ist nicht nur notwendig, sondern vielmehr auch unsere Verantwortung. Im Alten Testament war derjenige, der das Wort weitergab, voll dafür verantwortlich, die Stimme des Herrn richtig gehört zu haben. Der Grund dafür war, dass der Heilige Geist im Alten Testament nicht im Menschen wohnte. Deshalb konnte niemand wissen, ob ein Wort von Gott war oder nicht. Da wir heute bei unserer Wiedergeburt alle mit dem Geist Gottes erfüllt werden und somit die Fähigkeit erhalten zu unterscheiden, sind wir selbst verantwortlich für das, was wir als Wahrheit annehmen. Dies zu verstehen, ist sehr wichtig, wenn wir eine persönliche innere Erneuerung anstreben. Du hast die Fähigkeit und das Recht, darüber zu entscheiden, ob die ausgesprochenen Worte eines Menschen dein Innenleben beeinflussen dürfen oder nicht. Du kannst nicht immer verhindern, dass jemand etwas Negatives zu dir sagt, aber du entscheidest, ob sich dies auf dein Innenleben auswirkt oder nicht.

Nachfolgend eine Reihe von Möglichkeiten, wie wir prophetische Worte richtig beurteilen können:

- Erstens: Ist das Wort, das du erhalten hast, in Einklang mit dem schriftlichen Wort Gottes? Wenn nicht, dann hast du jedes Recht, das Gesagte abzulehnen.

- Ist das Wort aufbauend, ermutigend oder tröstend? Denke daran, dass prophetische Worte nicht verdammend oder verurteilend sein sollten. Sie sollten dein Potenzial hervorrufen (vgl. 1 Kor 14,3).

- Gibt das Wort deinem Geist Zeugnis? Der Heilige Geist wohnt in dir; wenn also das Wort von Gott ist, dann wird er das Wort bestätigen (vgl. 1 Kor 2,10).

- Hast du den Eindruck, dass eine manipulative Absicht hinter dem Wort steht? Jede Äußerung des Geistes eines Menschen muss durch den Filter seiner Seele hindurch. Manchmal sind Leute innerlich verletzt und prophetisch nicht richtig geschult, sodass sie aus der Verletzung heraus prophezeien.

  Ein Beispiel wäre, wenn eine Person zu dir sagen würde, Gott habe ihr mitgeteilt, du sollest ihr Geld geben. Dies wäre ein manipulatives Wort. Gottes Wort ehrt immer den freien Willen und wahre Liebe stellt keine Falle.

- Wenn du ein eher richtungsweisendes Wort von jemandem erhältst und du dich unsicher fühlst, ob es zutreffend ist, sprich mit den Leuten darüber, denen du untergeordnet bist, um ihren Input zu erhalten. Wenn du immer noch unsicher bist, ob es richtig ist, warte darauf, bis Gott das Wort durch andere vertrauenswürdige Quellen bestätigt.
- Wenn ein Wort, das dir jemand gibt, Angst oder Unbehagen in deinem Herzen hervorruft, dann lass es von einer erfahrenen Person, der du vertraust, prüfen. Wenn wir uns in einer emotionell sehr schwierigen Lebensphase befinden, interpretieren unsere Gefühle manchmal etwas durch den Filter unserer Verletzung. Deshalb könnte ein Wort, das eigentlich zur Erbauung gedacht war, als verurteilend empfunden werden. In solchen Fällen ist es gut, Feedback von einer geistlich reifen Person zu erhalten, der du vertraust. Wenn jenes Wort jedoch tatsächlich nur ein schlechtes war, kannst du es getrost ablehnen.

Schlechte bzw. negative Worte ablehnen/ignorieren

Wenn du das Gefühl hast, dass jemand versucht, dir ein Wort zu geben, das dich nicht aufbaut, ermutigt oder tröstet, dann hast du das Recht, das Wort abzulehnen bzw. zu verwerfen. Manche Menschen lassen sich von negativen prophetischen Worten beeinflussen. Wir müssen jedoch verstehen, dass wir das Recht haben, ein Wort, das uns nicht aufbaut, abzulehnen.

Der Einfachheit halber gebe ich dir ein paar Tipps, wie du ein schlechtes bzw. negatives prophetisches Wort ablehnen kannst:

Nehmen wir an, eine unbekannte Person kommt zu dir und sagt, sie habe das Gefühl, Gott habe ihr ein Wort für dich gegeben. Sie sagt etwa Folgendes: „Ich habe den Eindruck, Gott sagt, dass du bald geistlich angegriffen wirst und dass du verborgenen Stolz hast, mit dem du dich befassen solltest."

Dies ist offensichtlich ein wirklich schlechtes prophetisches Wort, das nicht von Gott ist. Es baut dich weder auf, noch ermutigt oder tröstet es dich. Es ist vielmehr ein Wort, das verurteilt und Angst auslöst.

Es hängt von der Herzenshaltung der Person ab, wie du am besten auf ein Wort wie dieses reagieren kannst. Ist sie lernfähig, könntest du diesen Umstand einfach nutzen, um ihr zu helfen, wie man eine prophetische Botschaft besser weitergibt. Du könntest etwas sagen wie: „Ich weiß es zu schätzen, dass du versucht hast, mir ein prophetisches Wort zu geben, aber ich fand es nicht ermutigend. Prophetie ist eigentlich dazu gedacht, Menschen aufzubauen." Du kannst ihr dann Tipps geben, wie man ein Wort richtig weitergibt, wenn du den Eindruck hast, dass es der richtige Zeitpunkt dafür ist.

Manche Leute geben schlechte bzw. negative Worte weiter, weil sie es einfach nicht besser wissen oder weil sie schlechte oder gar keine Lehre darüber bekommen haben. Andere versuchen einfach, aus Unsicherheit heraus zu dienen, und sprechen verurteilende Worte, um einzuschüchtern oder geistlich zu wirken. Wenn dir jemand ein schlechtes Wort gibt, und noch dazu mit einer schlechten Herzenshaltung, dann hast du jedes Recht, der Person direkt mitzuteilen, dass du ihr Wort nicht annimmst.

Da ich im geistlichen Dienst tätig bin, gibt es immer wieder Leute, die Dinge in meinem Dienst korrigieren wollen, mit denen sie nicht einverstanden sind. Leider neigen viele dazu, ihre Meinung zu vergeistlichen und ihre Anklagen im Namen des Herrn vorzubringen. Wenn man im Rampenlicht steht, muss man wissen, wie man schlechte prophetische Worte und Meinungen von Menschen nicht an sich herankommen lässt. Ich erinnere mich an einen Mann, der eines meiner Bücher gelesen hatte und mit einer bestimmten Aussage, die ich gemacht hatte, nicht einverstanden war. Er kontaktierte mich und sagte, der Herr habe ihm gesagt, er werde meinen Dienst und meine Finanzen wegen jener bestimmten Aussage verfluchen. Ich stoppte den Mann sogleich mit den Worten: „Hier und jetzt stelle ich das Kreuz zwischen mich und Ihre Worte. Ich empfange nichts von dem, was Sie sagen, weil es nicht vom Herrn ist." Damit gebot ich ihm augenblicklich Einhalt, um mein Herz zu schützen, und beendete dann das Gespräch.

Stell dir mal vor, ich hätte nicht gewusst, wie man ein negatives Wort zurückweist? Ich wäre in ständiger Sorge gewesen, mein Dienst und meine Finanzen stünden unter einem Fluch. Deshalb ist es so wichtig zu wissen, wie wir Aussagen aus dem Mund anderer richtig beurteilen sollen und wie wir es vermeiden können, dass negative Worte an uns hängenbleiben.

Du liest diesen Abschnitt vielleicht und erinnerst dich dabei daran, dass du in der Vergangenheit negative „prophetische" Worte zugesprochen bekommen hast. Diese Worte mögen aus einer guten Herzenshaltung heraus gegeben worden sein, doch das Wort stimmte einfach nicht mit den Absichten des Herrn für dein Leben überein. Womöglich hat die Person jene Dinge auch aus Bitterkeit gesprochen, um dich absichtlich zu verletzen. Wie dem auch sei, Gott will nicht, dass du diese Worte, die dir Schmerz bereitet haben, weiter in dir trägst. Wenn dies auf dich zutrifft, kannst du folgendes Gebet beten:

Jesus, ich tue Buße dafür, dass ich zugelassen habe, dass diese negativen Worte in mein Herz hineingekommen sind. Ich reinige mich von den Lügen des Feindes. Ich entscheide mich, diesen Worten keine Macht mehr über mich zu geben. Heiliger Geist, überflute mich mit Wahrheit und dem, was der Vater über mich sagt. Ich bin ein Kind Gottes. Mein Vater hat große Pläne für mein Leben. Ich bin durch seine Liebe und durch seine Wahrheit geschützt. Danke, Herr, dass deine Worte über mich voller Leben, Liebe, Freude und Frieden sind.

Kapitel 6

Die vier Offenbarungsgaben

Jedem aber wird die Offenbarung des Geistes zum Nutzen gegeben. Denn dem einen wird durch den Geist das Wort der Weisheit gegeben; einem anderen aber das Wort der Erkenntnis nach demselben Geist; einem anderen aber Glauben in demselben Geist; einem anderen aber Gnadengaben der Heilungen in dem einen Geist; einem anderen aber Wunderwirkungen; einem anderen aber Weissagung, einem anderen aber Unterscheidungen der Geister; einem anderen verschiedene Arten von Sprachen; einem anderen aber Auslegung der Sprachen. Dies alles aber wirkt ein und derselbe Geist und teilt jedem besonders aus, wie er will (1 Kor 12,7-11).

In 1. Korinther 12 gibt es vier sogenannte Offenbarungsgaben, die man zum prophetischen Dienst zählen kann. Diese sind: Prophetie, Worte der Erkenntnis, Worte der Weisheit und Unterscheidung der Geister. Die meisten Menschen, die eine gewisse Reife in ihrer prophetischen Gabe entwickelt haben, wirken mal stärker, mal schwächer in jeder dieser Offenbarungsgaben.

Wir werden die Gaben nacheinander durchnehmen, um zu verstehen, wie sie funktionieren, und wie man in jeder Gabe wirken kann.

Prophetie

Da es in diesem Buch mehrheitlich um den prophetischen Dienst geht, werde ich die Gabe der Prophetie nur kurz definieren. Eine prophetische Botschaft zu verkünden, bedeutet, das zu proklamieren, wozu Gott einen Menschen erschaffen hat. Prophetische Worte können Botschaften aus dem Herzen des Vaters sein, Botschaften über die Berufung eines Menschen, eine Offenbarung über die Zukunft eines Menschen usw.

Worte der Erkenntnis

Während es bei Prophetie häufig um die Zukunft geht bzw. um das gegenwärtige Sprechen des Vaters, beziehen sich Worte der Erkenntnis auf das, was bereits in der Vergangenheit geschehen ist bzw. in der Gegenwart gerade geschieht.

Jesus benutzte während seines gesamten Wirkens häufig Worte der Erkenntnis:

> *Jesus sah den Nathanael zu sich kommen und spricht von ihm: Siehe, wahrhaftig ein Israelit, in dem kein Trug ist! Nathanael spricht zu ihm: Woher kennst du mich? Jesus antwortete und sprach zu ihm: Ehe Philippus dich rief, als du unter dem Feigenbaum warst, sah ich dich. Nathanael antwortete und sprach: Rabbi, du bist der Sohn Gottes, du bist der König Israels* (Joh 1,47-49).

Er spricht zu ihr: Geh hin, rufe deinen Mann und komm hierher! Die Frau antwortete und sprach zu ihm: Ich habe keinen Mann. Jesus spricht zu ihr: Du hast recht gesagt: Ich habe keinen Mann; denn fünf Männer hast du gehabt, und der, den du jetzt hast, ist nicht dein Mann; hierin hast du wahr geredet (Joh 4,16-18).

Mose wirkte ebenfalls mächtig in der Gabe der Erkenntnis. Die meisten Theologen glauben, dass Mose der Verfasser des ersten Buches Mose war. Wenn dies stimmt, muss Mose durch göttliche Offenbarung erstaunliche Einsichten in Ereignisse erhalten haben, die vor seiner Geburt stattgefunden haben. Ich bin sicher, dass es irgendeine Art von geschichtlicher Dokumentation über manche Dinge, die im ersten Buch Mose aufgezeichnet wurden, gegeben haben muss. Ich kann mir jedoch nicht vorstellen, dass Mose so etwas wie den Schöpfungsbericht so detailliert dokumentieren hätte können, ohne es selbst erlebt zu haben. Wahrscheinlich hat er vieles durch Visionen und Träume erfahren.

Prophetische Worte und Worte der Erkenntnis sind jene zwei Werkzeuge, die ich bei der Evangelisation am häufigsten und wirksamsten anwende. Vor einiger Zeit nahm ich einen jüngeren Freund von mir, der damals erst fünfzehn Jahre alt war, in ein bestimmtes Geschäft mit. Wir schlenderten herum, als der Heilige Geist zu wirken begann. Wir gingen an zwei Frauen im Make-up-Bereich vorbei, als ich plötzlich einen leichten Schmerz in meinem linken Knöchel verspürte. Normalerweise habe ich keine Schmerzen im Knöchel, deshalb war mir klar, dass dieser Schmerz sozusagen ein Wort der Erkenntnis für eine dieser Frauen war.

Wir gingen auf die Frauen zu und stellten uns vor. Ich sagte dann zur jüngeren Frau: „Vielleicht klingt das jetzt seltsam, aber haben Sie irgendwelche körperliche Schmerzen?“

Die Frau antwortete, sie habe keine Schmerzen in ihrem Körper. Da ich mich im Glauben vorgewagt hatte, ehrte der Herr meinen Gehorsam, indem er mir mehr Einzelheiten zu dem Wort der Erkenntnis gab. Ich antwortete: „Sind Sie sicher, dass Sie sich vor zwei Wochen beim Tanzen nicht Ihren linken Knöchel verletzt haben?"

Ihr Kiefer klappte nach unten. Sie erzählte mir, dass sie vor zwei Wochen beim Tanzen ausgerutscht sei und sich den Knöchel verletzt habe.

Ich deutete auf meinen jungen Freund und sagte zu ihr: „Wenn Sie meinen Freund hier für Sie beten lassen, dann wird Gott Ihren Knöchel heilen.

Mein Freund bückte sich, legte seine Hände auf ihren Knöchel, und sie wurde vollständig geheilt.

Da Gott gerade Gnade für Worte der Erkenntnis gab, fuhren wir fort, den Menschen dort zu dienen. Wir gingen an einer älteren Frau vorbei, und ich spürte augenblicklich einen Schmerz in meiner Brust. Ich spürte auch Schmerzen in meinen Gelenken, und die Worte „unheilbar krank" gingen durch meinen Kopf. Ich ging auf sie und ihre Familie zu und sagte zu der Frau: „Ich bin Christ und hatte den Eindruck, Gott sage mir, er wolle jeglichen Schmerz in Ihren Gelenken heilen, und auch eine unheilbare Krankheit, die mit Ihrem Brustkorb zu tun hat. Ergibt das für Sie einen Sinn?"

Die Frau nickte und ging weinend weg. Ich fragte ihren Sohn und ihre Tochter, die dabei waren, warum sie weggegangen war. Sie erzählten mir, ihre Mutter habe vor einer Woche einen Termin bei ihrem Arzt gehabt und man habe ihr gesagt, sie habe Brustkrebs.

Ich schaute den Gang hinunter und sah die Frau schluchzend vor sich hinkauern. Als ich sie herbeirief, kam sie weinend zu mir und umarmte mich. Ich betete für sie, und der ganze Schmerz verließ ihre Gelenke und ihre Brust. Sie spürte die Gegenwart Gottes und einen Frieden, den sie, wie sie sagte, in ihrem ganzen Leben noch nie erlebt hatte.

Mein Freund und ich gingen insgesamt etwa vierzig Minuten lang durch das Einkaufszentrum und erlebten dabei Folgendes: Zwei Menschen mit Knöchelproblemen wurden geheilt, eine Frau, die Krebs hatte, wurde, glaube ich, geheilt, ebenso wie ihre Gelenke. Drei Personen wurden von Rückenproblemen, eine Person von einer gebrochenen Ferse und ein Mann am rechten Fuß geheilt. Ein anderer Mann wurde von einer Nierenerkrankung geheilt und bei einer Frau wurden die Hüften neu ausgerichtet. An jenem Ort war sozusagen Erweckung ausgebrochen, weil wir unsere Aufmerksamkeit darauf gerichtet hatten, was der Heilige Geist durch Worte der Erkenntnis zu uns sprechen wollte.

Ein Wort der Erkenntnis für Heilung zu empfangen, kann so einfach sein, wie das Wahrnehmen eines leichten Schmerzes in deinem Körper, den du zuvor nicht gespürt hast, oder dass Gott deine Aufmerksamkeit auf ein bestimmtes Körperteil lenkt. Häufig weisen wir den Herrn ab, wenn er auf diese Weise zu uns sprechen möchte, weil wir davon ausgehen, dass er auf mehr übernatürliche Weise sprechen sollte; er gibt jedoch Worte der Erkenntnis häufig auf diese Art und Weise. Probiere es aus, wenn du das nächste Mal in ein Lebensmittelgeschäft oder ein Einkaufszentrum gehst. Bitte den Heiligen Geist, dir ein Wort der Erkenntnis zu geben, und sei dann besonders sensibel für das, was du in deinem Körper wahrnimmst, wenn du in einem Geschäft oder unter Menschen bist.

Ich glaube, dass Jesus in seinem Dienst mehr als die Gabe des Wortes der Erkenntnis hatte. Ich denke, dass Jesus unter dem Wirken des Geistes der Erkenntnis stand (vgl. Jes 11,2). Der Unterschied besteht darin, dass wir bei Worten der Erkenntnis nur begrenzte Einsicht in das Wesen eines

Menschen erhalten. Wenn wir jedoch unter dem Einfluss des Geistes der Erkenntnis dienen, können wir ein viel tieferes Verständnis von einem Menschen bekommen.

Johannes 2,24-25 sagt: *„Jesus selbst aber vertraute sich ihnen nicht an, weil er alle kannte und nicht nötig hatte, dass jemand Zeugnis gebe von dem Menschen; denn er selbst wusste, was in dem Menschen war."* Jesus hatte tatsächlich einen tieferen Einblick in das Leben eines jeden Mannes und einer jeden Frau. Mehrmals lesen wir in den Evangelien darüber, dass Jesus sogar die Gedanken der Menschen kannte (vgl. Mt 9,4; Mt 12,25; Lk 5,22; Lk 6,8; Lk 11,17).

Als ich noch jünger war, durchlebte ich eine interessante Zeit, in der mich der Herr darin schulte, meine Erkenntnis über Menschen zu erweitern. Ich ging meist mit einer Gruppe von Freunden (normalerweise etwa zwölf Personen) in ein Restaurant. Dort ging ich in Gedanken von Person zu Person und stellte dem Heiligen Geist Fragen über sie. Ich schaute die erste Person an und fragte den Heiligen Geist, in welchen Geistesgaben sie am begabtesten war und was ihre Berufung war. Dann tat ich das Gleiche mit der zweiten Person, bis ich zur zwölften kam. Dann fing ich wieder bei der ersten Person an und fragte den Heiligen Geist, in welcher Lebensphase sie bis vor Kurzem gewesen war, in welcher sie sich jetzt befand und wie ihre nächste Lebensphase aussehen würde. Ich ging noch einmal alle zwölf Personen durch. Am Ende hatte ich eine relativ gute Ahnung davon, wer jede Person an jenem Tisch war.

Da ich mein Hörvermögen auf diese Weise entwickelt habe, habe ich nun, wenn ich eine Person ansehe, einen recht gute Einblick in sie. Ich weiß natürlich nicht alles, da wir alle nur stückweise sehen und erkennen. Dennoch empfinde ich diese Stufe der Unterscheidung in meinem Dienst als ungeheuer nützlich. Eigentlich wäre dies für jeden, der irgendeine

Form von Führungsposition innehat, von großem Nutzen. Es macht den apostolischen Gemeindeaufbau viel einfacher, wenn man die Gaben und Berufungen der Menschen prophetisch erkennen kann. Wenn wir im Leben von Menschen eine väterliche bzw. mütterliche Rolle einnehmen, sind wir viel effektiver, wenn wir ihre vergangenen, gegenwärtigen und zukünftigen Lebensphasen verstehen. Uns auf dieser Stufe der Menschenkenntnis zu bewegen, ist uns eine Hilfe, sie effektiv zu unterstützen, weil wir sie so sehen können, wie Gott sie sieht.

Botschaft bzw. Wort der Weisheit

Ich glaube, dass wir im gesamten Leib Christi bald eine drastische Zunahme an Klarheit erleben werden, was Botschaften bzw. Worte der Weisheit angeht. Eine Botschaft der Weisheit ist ein Wort des Herrn, das eine Situation löst.

Wenn du zum Beispiel ein Haus bauen möchtest, würde dir Prophetie zeigen, wie dein zukünftiges Haus aussehen würde, wenn es fertig ist. Das Wort der Erkenntnis würde dir zeigen, wie du die Werkzeuge einsetzen kannst, um die Arbeit zu erledigen, und das Wort der Weisheit würde dir zeigen, in welcher Reihenfolge die Arbeiten zu erledigen wären, damit das Haus so schnell und effizient wie möglich fertiggestellt würde.

Mose hatte eine bedeutende Gabe, Worte der Weisheit auszusprechen. In 2. Mose 18,13 steht, dass Mose von morgens bis abends dasaß und jedem Israeliten, der Rat brauchte, Weisheit vermittelte.

Einmal betete ich während eines Gottesdienstes im hinteren Teil der Gemeinde, als ich plötzlich eine Begegnung mit einem Engel hatte, durch die ich in meinem Dienst als prophetischer Leiter viel mehr Einfluss bekam. Ich sah einen

Engel vor mir stehen, der ein feines Leinengewand trug. Ich wusste nicht, ob noch jemand anderer ihn sehen konnte, oder nicht. Plötzlich holte der Engel einen kleinen silbernen Schlüssel mit einem blauen Edelstein aus seiner Tasche. Dann übergab er mir den Schlüssel.

Ich fragte den Heiligen Geist, was der Schlüssel darstellte. Er sagte: „Dieser Schlüssel ist die Botschaft der Weisheit, zu der ich dich berufen habe. Mit Botschaften der Weisheit kannst du ganze Gruppen und Gemeinden in ihre Bestimmung freisetzen. Du kannst einflussreichen Persönlichkeiten Wegweisung geben, damit sie nicht von meinem Willen abweichen."

Seit dieser Begegnung werde ich von einflussreichen Persönlichkeiten aus verschiedensten Gesellschaftsbereichen kontaktiert, die prophetische Wegweisung benötigen. In dieser Eigenschaft arbeite ich mit vielen Führungspersönlichkeiten zusammen, unter ihnen auch viele Pastoren und apostolische Leiter. Ich habe auch schon Regierungsmitglieder, führende Persönlichkeiten in der Wirtschaft und berühmte Größen der Film- und Musikindustrie prophetisch beraten. Wenn Pastoren und Apostel mich aufsuchen, bitten sie mich oft um einen Rat vom Herrn wegen immer wiederkehrender Probleme, die sie nicht lösen können. Ich warte dann auf den Herrn, um zu erkennen, was die Blockaden in der Gemeinde bzw. dem Dienst sein könnten und wie sie sie beseitigen können, um ihr volles von Gott gegebenes Potential ausleben zu können.

Hier ein Beispiel: Vor einiger Zeit rief mich der Pastor einer Gemeinde mit etwa sechzig Mitgliedern an. Er sagte, in seiner gesamten Gemeinde habe es schon seit Jahren keine Anzeichen von geistlichem Wachstum mehr gegeben.

Ich besuchte einen ihrer Gottesdienste, und während ich auf den Herrn wartete, beobachtete ich, was sich in der geistlichen Atmosphäre abspielte. Während der Pastor lehrte, sah ich im Geist eine Wand vor ihm. Bevor seine Worte zu den Herzen der Gemeindemitglieder durchdringen konnten, prallten seine Worte an der Wand ab und fielen zu Boden.

Der Heilige Geist zeigte mir, dass es in der Geschichte der Gemeinde etwas gab, das geheilt werden musste. Er offenbarte mir, dass es in den 1980er-Jahren ein Problem in der Gemeindeleitung gegeben hatte, mit dem nicht in anständiger Weise umgegangen worden war. Seit diesem Zeitpunkt gab es in der Gemeinde einen Mangel an Vertrauen in die pastorale Leiterschaft der Gemeinde. Der Heilige Geist sagte mir weiter, dass die Mauer des Unrechts niedergerissen werden würden, wenn die Leiterschaft anstelle der früheren Leiter öffentlich Buße tun würde.

Ich teilte dem Pastor mit, was ich wahrgenommen hatte. Nachdem der Pastor das Wort der Ältestenschaft weitergegeben hatte, beteten sie und beschlossen, einen Gottesdienst mit dem Schwerpunkt Buße und Versöhnung abzuhalten. Gleich nachdem der Versöhnungsgottesdienst stattgefunden hatte, betete der Jugendpastor gerade in seinem Büro, als er hörbar wahrnahm, wie eine Mauer einbrach und umfiel. Nach diesem Gottesdienst war so viel Vertrauen zwischen der Gemeinde und dem Leitungsteam wiederhergestellt, dass sich in den nächsten drei Wochen die Opfereinnahmen mehr als verdreifachten.

Wir können sehen, wie Botschaften der Weisheit Situationen, in denen wir uns möglicherweise befinden, aufschlüsseln bzw. aufklären können. Mir ist aufgefallen, dass viele ausgesprochen pastorale Menschen in hohem Maße in der Gabe der Weisheit wirken, ohne sich dessen überhaupt bewusst zu sein. Wenn eine pastorale Person jemandem dient, gibt sie häufig einen vom Heiligen Geist eingegebenen Rat weiter, der das Leben bzw. die Beziehungen der betreffenden

Person wieder in Ordnung bringt. Häufig ist es so, dass sie der Person das weitergibt, was sie vom Heiligen Geistes empfängt, um Wiederherstellung in ihr Leben zu bringen.

Botschaften der Weisheit hören sich zuweilen wie eine geistgeleitete Wegweisung an. Diese Aussage muss ich näher erklären. Ich würde dir nicht empfehlen, es dir zur Gewohnheit zu machen, richtungsweisende prophetische Worte zu geben, wenn du im prophetischen Dienst noch unerprobt bist. Mit „erprobt" meine ich nicht, dass du schon hier oder da ein paar prophetische Worte weitergegeben hast. Ich meine damit, dass du Gott erlaubt hast, dein Gehör sehr fein auf seine Stimme einzustellen, sodass Menschen mit gottgefälligem Charakter und Integrität deiner Fähigkeit vertrauen, den Herrn zu hören. Selbst Menschen, die sich im prophetischen Dienst bewährt haben, müssen eine Haltung der Demut einnehmen, wenn sie derartige Worte weitergeben. Formulierungen wie, „Ich empfinde, dass der Herr sagt ...", sind immer ein guter Einstieg, anstatt zu sagen: „Gott hat mir gesagt, dass du dies und jenes tun solltest."

Warnende Worte von Gott können eine andere Variante der Botschaft der Weisheit sein. Ein Wort der Warnung ist etwas anderes als ein richtendes Wort. Ähnlich wie korrektive Worte, sollten warnende Worte meiner Meinung nach am besten im Rahmen einer Beziehung weitergegeben werden. Das heißt nicht, dass der Herr nicht auch anders handeln könnte. Ich habe aber erlebt, dass diese Worte im persönlichen Beziehungsumfeld am besten funktionieren. Wenn ein Wort der Warnung gegeben wird, sollten wir es mit viel Respekt und Gebet vermitteln.

Unterscheidung der Geister

Meiner Meinung nach ist die Gabe der Geisterunterscheidung eine der am meisten missverstandenen Gaben, die in 1. Korinther 12 aufgeführt wird. Viele haben diese Gabe auf das Erkennen dämonischer Geister reduziert. Es gehört zwar zur Gabe der Geisterunterscheidung, dämonische Geister, die Menschen quälen, zu unterscheiden; in der Praxis macht dies jedoch wahrscheinlich nur etwa zwanzig Prozent aus. Diese Gabe wird nicht „Unterscheidung von dämonischen Geistern" genannt, vielmehr ist sie breiter angelegt. Sie bezieht sich auch auf das Erkennen von Engelwesen oder des Geistes eines Menschen und dient vor allem dazu, das Wirken des Heiligen Geistes wahrzunehmen.

Während Prophetie eine eher innerliche Gabe ist, da wir den Heiligen Geist aus unserem Inneren sprechen hören, nehmen wir beim Unterscheiden von Geistern Dinge wahr, die außerhalb von uns, in der Atmosphäre um uns herum geschehen. Mitunter funktioniert das Unterscheiden von Geistern häufig auf dieselbe Weise wie bei Worten der Erkenntnis. Eine Person mit einer Unterscheidungsgabe kann zum Beispiel neben einer depressiven Person sitzen und selbst Symptome einer Depression zu spüren beginnen, selbst wenn sie diese vorher noch nie gespürt hat.

Als ich anfing, in der Gabe der Geisterunterscheidung zu wirken, ging ich manchmal an einen Ort, wie zum Beispiel ein Café, und fühlte mich zuweilen überwältigt, weil ich äußerlich wahrnehmen konnte, was jeder durchmachte. Als unterscheidungsbegabter Mensch musste ich erst lernen, die inneren Probleme anderer Menschen von meiner eigenen persönlichen Verfassung zu unterscheiden. Menschen mit einer sehr ausgeprägten Unterscheidungsgabe müssen lernen, sich nicht für etwas verantwortlich zu fühlen, das sie nicht betrifft. Um dir ein Beispiel zu geben: Wenn du einen Raum betrittst und dir Selbstmordgedanken durch den Kopf schießen, obwohl du noch nie zuvor welche hattest, brauchst du höchstwahrscheinlich keine innere Heilung bzw. Befreiung. Es könnte sehr gut sein, dass du einfach nur den Zustand einer anderen Person im Raum wahrnimmst, die mit Selbstmordgedanken zu kämpfen hat.

Das Unterscheiden von Geistern besteht aus zwei Schritten: Erstens nehmen wir wahr, was äußerlich geschieht. Zweitens nehmen wir innerlich wahr, was der Heilige Geist dazu sagt. Letzteres ist entscheidend. Ich kenne viele, die diese Gabe haben und es als Last empfinden, wenn sie etwas wahrnehmen. Sie fühlen sich, als hätten sie geistliche Erkenntnisse und Informationen, kennen aber ihre praktische Anwendung nicht. Wenn wir mit unserem Verstand herausfinden wollen, wie wir mit dem, was wir wahrnehmen, umgehen sollen, kann uns das in große Schwierigkeiten bringen. Es könnte sogar so weit kommen, dass man sich für alles, was man wahrnimmt, verantwortlich fühlt. Wenn das stimmen würde, wären geistlich sensible Menschen schnell ausgebrannt. Manchmal nehmen wir Dinge wahr, weil der Heilige Geist uns zeigen will, wie wir Dinge verändern können. Ein anderes Mal nehmen wir etwas einfach nur deshalb wahr, *weil* wir unterscheiden können. Unsere Verantwortung besteht darin, mit dem Heiligen Geist im Gespräch zu sein und mit dem mitzugehen, was er tut und sagt.

Manchmal haben Menschen mit einer Unterscheidungsgabe Mühe bei der Weitergabe von prophetischen Botschaften. Sie nehmen häufig die Kämpfe in der geistlichen Welt, zwischen Engel und Dämonen, wahr. Menschen mit dieser Gabe erkennen oft spezifische dämonische Geister, die Leute quälen, und sind deshalb versucht, ihr Wort in einem falschen Zusammenhang geben. Ich bin mir sicher, dass manche von euch schon folgende Aussprüche erlebt haben, wie: „Du hast einen Geist der Verwirrung über dir, und Gott will dich davon befreien." Selbst wenn die Wahrnehmung richtig war, halte ich diese Art und Weise der Mitteilung für ungeeignet.

Wenn ich erkenne, dass eine Person von einem Geist der Verwirrung gequält wird, und ihr dies einfach sage, dann lenke ich ihren Blick auf die dämonische Aktivität in ihrem Leben und könnte diese dadurch verstärken, dass ich z. B. bei der Person Angst auslöse.

Wenn wir in der geistlichen Welt etwas Dämonisches wahrnehmen, dann können wir ein Wort „umdrehen", wie ich es nenne. Anstatt die Person auf ihr Problem hinzuweisen, können wir ihr stattdessen aus der Position des Sieges eine Prophetie geben. Wir sitzen mit Christus an himmlischen Orten (vgl. Eph 2,6), daher können wir Dinge aus der Perspektive des himmlischen Vaters sehen.

Wenn du zum Beispiel erkennst, dass eine Person unter einem Geist der Verwirrung leidet, dann könntest du einfach das Gegenteil proklamieren. Du könntest verkünden, was Gott in ihrem Leben tun möchte. Du könntest etwa Folgendes sagen: „Gott führt dich in eine Zeit der Klarheit hinein, in der Dinge, die vorher wenig Sinn ergeben haben, nun klarer werden." Wir müssen also den Geist der Verwirrung nicht einmal erwähnen, denn wenn wir die Wahrheit aussprechen, wird die Lüge entmachtet. Das Licht vertreibt die Finsternis. Wenn du jemandem begegnest, der mit Wutanfällen zu kämpfen hat, musst du ihm nicht unbedingt sagen, dass er von einem Geist der Wut beherrscht wird. Sage ihm einfach, was der himmlische Vater sieht. Du könntest etwa Folgendes sagen: „Gott setzt Freude über dir frei." Wenn wir als unterscheidungsbegabte Menschen lernen, wie wir unsere Worte einfach umdrehen können, dann werden viel weniger

Menschen durch unsere Worte verletzt und viele mehr von ihren Quälgeistern befreit werden.

Wie bereits erwähnt, hat diese Gabe weit mehr zu bieten als nur die Unterscheidung dämonischer Geister. Mit der Gabe der Geisterunterscheidung können wir auch Engel, den menschlichen Geist und den Heiligen Geist wahrnehmen. Zum besseren Verständnis führe ich nun ein Beispiel dafür an, wie man den menschlichen Geist erkennen kann.

Vor vielen Jahren aß ich gerade im Restaurantbereich eines Einkaufszentrums, als ich plötzlich spürte, wie sich die Atmosphäre veränderte. Ich dachte: „Es kommt mir vor, als sei der internationale Prophet, der mich in den Dienst eingesetzt hat, im Einkaufszentrum. Ich wusste noch nicht einmal, ob dieser Mann in der Stadt war. Ich spazierte jedoch um den Restaurantbereich herum, um nach ihm Ausschau zu halten, und entdeckte ihn tatsächlich, wie er im Einkaufszentrum herumschlenderte. Ich ging auf ihn zu und konnte mit einem meiner Vorbilder im Glauben ein kurzes Gespräch führen.

Durch Geisterunterscheidung konnte ich tatsächlich wahrnehmen, dass dieser Mann in meiner Nähe war, obwohl ich nicht einmal wusste, ob er sich zu jenem Zeitpunkt im gleichen Land befand. Das Wahrnehmen des Geistes eines Menschen kann sich als nützlich erweisen, während wir in unserer Fähigkeit wachsen, prophetische Worte weiterzugeben. In unserem Geist befinden sich unsere Berufung, unsere geistlichen Mäntel und unsere Salbungen und Gaben. Wenn du dein Unterscheidungsvermögens aktivierst, wirst du aufgrund dessen, was jemand in seinem (menschlichen) Geist trägt, wahrnehmen können, ob jemand in deiner Nähe vor allem im Geschäftsleben begabt ist oder ob seine Hauptaufgabe Fürbitte und Gebet ist. Diese Form der Geisterunterscheidung kann dir eine praktische Hilfe sein, deine prophetischen Worte zu fokussieren, um direkt zur Berufung einer Person zu sprechen

Ich glaube, dass viele Lobpreisleiter, die sich während des Lobpreises prophetisch führen lassen, eine unglaubliche Gabe der Geisterunterscheidung besitzen. Vielleicht erkennen sie keine dämonischen Geister, aber als Lobpreisleiter ist es ihre Aufgabe, das geistliche Klima bzw. die geistliche Atmosphäre des Gottesdienstes zu erkennen und dann die Musik so zu einzusetzen, dass sie mit dem Heiligen Geist und seinen Vorhaben im Raum zusammenwirken.

Jesus war ein Meister im Unterscheiden der Geister. Lesen wir einmal folgenden Abschnitt in Markus 5,25-31:

> *Und es war eine Frau, die zwölf Jahre mit einem Blutfluss behaftet war und vieles erlitten hatte von vielen Ärzten und alle ihre Habe aufgewendet und keinen Nutzen davon gehabt hatte; es war vielmehr schlimmer mit ihr geworden. Als sie von Jesus gehört hatte, kam sie in der Volksmenge von hinten und rührte sein Gewand an; denn sie sagte: Wenn ich nur sein Gewand anrühre, werde ich geheilt werden. Und sogleich vertrocknete die Quelle ihres Blutes, und sie merkte am Leib, dass sie von der Plage geheilt war. Und sogleich erkannte Jesus in sich selbst die Kraft, die von ihm ausgegangen war, wandte sich um in der Volksmenge und sprach: Wer hat mein Gewand angerührt? Und seine Jünger sagten zu ihm: Du siehst, dass die Volksmenge dich drängt, und du sprichst: Wer hat mich angerührt?"*

In dieser Szene befindet sich Jesus mitten im dichten Gedränge einer Menschenmenge. Eine Frau berührt den Saum seines Gewandes, und er spürt, dass Kraft von ihm ausgeht. Jesus war so sehr auf die Vorgänge im geistlichen Raum eingestellt, dass er bemerkte, wie eine Frau im Glauben ein Stück des Reiches Gottes an sich nahm. Seine geistlichen Sinne waren so entwickelt, dass er mitten im Gedränge einer Menschenmenge die geringste Veränderung im geistlichen Raum bemerkte.

Wir bringen das Reich Gottes überallhin, wo wir hingehen. Ob du es weißt oder nicht: Wenn du einen Raum betrittst, verändert sich die Atmosphäre aufgrund dessen, wer du bist. Manchmal frage ich mich, wie viel wir für das Königreich bewirken, wenn wir einfach irgendwo auftauchen. Ich bin davon überzeugt, dass Menschen Befreiung von ihren Depressionen und Ängsten erfahren, nur weil wir in ihrer Nähe sind und eine vollkommene Atmosphäre des Friedens und der Freude mit uns bringen. Durchbrüche und Heilung von Krankheit und Schmerz geschehen, weil das Reich der Himmel in uns wohnt (vgl. Lk 17,21). Wir können unser Unterscheidungsvermögen tatsächlich so weit entwickeln, dass wir beim Betreten eines Raumes wahrnehmen können, wer von der Freude und dem Frieden des Himmels, die wir in uns haben, beeinflusst wird. Wir können an einen Punkt kommen, an dem unsere geistlichen Sinne so entwickelt sind, dass wir uns, wie Jesus, völlig bewusst sind, was der Heilige Geist in unserer unmittelbaren Umgebung gerade am Wirken ist.

Zusammenfassung des Kapitels

Beim Lesen dieses Kapitels hast du sicher bemerkt, dass du in manchen der vier Offenbarungsgaben mehr begabt bist als in anderen. Diejenigen unter uns, die eher evangelistisch begabt sind, haben vielleicht eine natürlichere Begabung in Bezug auf Worte der Erkenntnis, während diejenigen unter uns, die mehr pastoral veranlagt sind, eher zu Botschaften bzw. dem Wort der Weisheit oder der Gabe der Unterscheidung hintendieren. Obwohl es immer geistliche Gaben geben wird, in denen wir bevorzugt dienen, halte ich es für durchaus möglich, dass wir in einem gewissen Maß in allen Gaben des Geistes wirken können. Jesus ist das beste Beispiel, wie wir einen Lebensstil führen können, der dem Königreich Gottes würdig ist; und er wirkte in allen Gaben des Geistes. Gott liegt es am Herzen, deinem Werkzeuggürtel noch weitere Werkzeuge hinzuzufügen, damit du den Menschen noch effektiver seine Liebe zeigen und sein Reich voranbringen kannst, wohin du auch gehst.

Prophetische Übung

In den vorangegangenen prophetischen Übungen habe ich dich gebeten, Gott eine bestimmte Frage über jemandem zu stellen, um die Stimme des Herrn besser wahrnehmen zu lernen. In der folgenden Übung werden wir Gott eine eher allgemeine Frage stellen.

Sobald du eine Haltung eingenommen hast, vom Herrn zu empfangen, bitte ihn, dich an jemanden zu erinnern, den er durch dich ermutigen möchte.

Sobald er dir jemanden gezeigt hat, stelle ihm folgende Frage:

„Gott, was willst du dieser Person sagen?“

Bringe deinen Verstand zur Ruhe und erlaube Gott, dir etwas über diese Person zu zeigen. Er könnte über ihre Berufung sprechen oder gibt dir vielleicht ein treffendes Wort für ihre derzeitige Lebensphase. Er könnte dir auch ein Wort der Erkenntnis geben. Was du auch glaubst, von ihm erhalten zu haben, prüfe das prophetische Wort und lass dir vom Herrn auch zeigen, wie du es auf angemessene Weise weitergeben kannst.

An eines solltest du dich immer erinnern: Wenn du einen prophetischen Dienst ausübst, wirst du in deiner Gabe wachsen, wenn du eine freundschaftliche Beziehung mit dem Herrn entwickelst und deine Gabe anwendest. Diejenigen unter euch, die schon darin aktiviert wurden, Gottes Stimme zu hören, möchte ich ermutigen, daran festzuhalten. Gott möchte dich als sein prophetisches Sprachrohr für die Welt gebrauchen. Du wurdest dazu geschaffen, ein Gefäß für ihn zu sein, durch das er zu seinen Kindern auf der ganzen Welt sprechen kann.

Kapitel 7

Typische Fallstricke des prophetischen Dienstes

Da ich viel Erfahrung in der Schulung von Menschen im prophetischen Dienst habe, bin ich mit den Fallstricken, in die prophetisch hochbegabte Menschen und Propheten tappen können, ziemlich vertraut. Viele davon sind sich dessen überhaupt nicht bewusst. In diesem Kapitel möchte ich einen Streifzug durch einige der möglichen Tücken des prophetischen Dienstes unternehmen.

Gnostizismus

In den letzten etwa zehn Jahren gab es eine Vielzahl an neuartigen prophetischen Erfahrungen, mit denen Gemeinde umgehen lernen musste. Gott offenbarte der Gemeinde, dass die unterschiedlichen Erfahrungen und Begegnungen, die Männer und Frauen Gottes in biblischen Zeiten gemacht haben, auch für uns zugänglich und erstrebenswert sind. Das sind Dinge, die uns durch das Kreuz zugänglich gemacht wurden.

Zu diesen Begegnungen bzw. Erfahrungen, auf die Gott Licht geworfen hat, zählen: Besuche von Engeln (vgl. Mt 4,11), geographisches Versetztwerden (Apg 8,26-40), außerkörperliche Erfahrungen (vgl. 2 Kön 5,26) und Begegnungen im dritten Himmel (vgl. Jes 6, Hes 1, Dan 7). Andere beinhalten Besuche von Heiligen, die bereits beim Herrn sind (vgl. Mt 17), und Besuche des Herrn selbst (Apg 9,1-19).

Prophetische Begegnungen gehören eher zur mystischen Seite des Prophetischen. Viele wollen mit diesem Aspekt des Christseins nichts zu tun haben, obwohl prophetische Begegnungen mit Gott ein wichtiges Instrument dafür sein können, vollkommen heil und Christus ähnlicher zu werden. Ich ermutige jeden Propheten bzw. prophetischen Leiter, der prophetische Gemeinschaften aufbaut, Raum für prophetische Erfahrungen zu schaffen. Ich selbst habe viele darin geschult, wie sie prophetische Begegnungen erleben können.

Manche Aspekte prophetischer Begegnungen können merkwürdig erscheinen. Besser wäre es jedoch, sie einfach als übernatürlich zu beschreiben. Übernatürliche Dinge tendieren dazu, gegen unseren Verstand zu gehen, weil sich das Übernatürliche über die Naturgesetze hinwegsetzt. Als Verstandesmenschen neigen wir dazu, alles, was nicht in unser intellektuelles Schema passt, abzutun. Wir müssen jedoch zu einem Volk werden, dessen Augen nicht auf das Sichtbare, sondern auf das Unsichtbare gerichtet sind (vgl. 2 Kor 4,18).

Wenn Gott der Gemeinde eine Offenbarung wieder zugänglich macht, gibt es häufig Leute, die mit diesen neuen Wahrheiten in ein ungesundes Extrem verfallen. Dies kann auch mit prophetischen Begegnungen passieren. Ich bin ein Befürworter prophetischer Erfahrungen; solche Dinge müssen jedoch ihren Ursprung in der Liebe haben und mit Integrität gehandhabt werden. Ich kenne viele prophetisch hochbegabte Menschen, die häufig derartige Erfahrungen machen, weil sie in mystischen Erfahrungen begnadet sind. Wenn wir die Gnade haben, das Wort des Herrn in einer eher mystischen Art und Weise zu erleben und zu hören, wir aber nicht in der Liebe verwurzelt und in einem gottgefälligen Charakter verankert sind, kann dies häufig zu einer Form von Gnostik führen.

Der Gnostizismus war ein Glaube bzw. eine Lehre in der frühen Christenheit, der die Göttlichkeit Jesu verneinte und die Menschen zur Anbetung des menschlichen Geistes verführte. Er führt die Menschen dahin, alles aus dem natürlichen Bereich als unbedeutend abzutun und nur Dinge, die sehr geistlich oder mystisch sind, als wertvoll zu erachten.

Ich bin schon vielen Leuten begegnet, die sich eifrig um prophetische Begegnungen bemüht haben, aber in ihrer Beziehung zum Herrn nicht verankert waren. Das hat dazu geführt, dass sie prophetische Begegnungen nicht mehr als ein Mittel betrachteten, den Herrn besser kennenzulernen, sondern die Begegnung selbst zum Endziel gemacht haben. Wenn unser Verlangen nach prophetischen Begegnungen nicht eine tiefere Freundschaft mit dem Herrn zum Ziel hat, kommt dies wahrscheinlich aus einer ungesunden Neugier nach dem Übernatürlichen bzw. aus der Unsicherheit heraus, andernfalls als „ungeistlich" zu gelten. Solchen Erfahrungen mit einer falschen Herzenshaltung nachzugehen, macht uns anfällig für Täuschungen, und kann zur Anbetung spiritueller Erfahrungen, zum Gnostizismus und Okkultismus führen.

Wenn wir derartige Erfahrungen suchen, sollten wir nicht nur das Verlangen haben, den Herrn besser kennenzulernen, sondern auch im geschriebenen Wort Gottes, der Bibel, verankert sein. Jeden Tag werde ich aufs Neue von der Tiefe der biblischen Schrift überwältigt. Sie ist ein so erstaunliches Instrument, das Gott uns gegeben hat, um sein Wesen und seinen Charakter besser zu verstehen. Wenn wir prophetischen Begegnungen nachgehen, ist es die Bibel, die uns in der Wahrheit verwurzelt hält. Ich habe gesehen, dass viele

Menschen ins Extreme gehen, weil sie dem, was sie prophetisch als Wahrheit empfinden, mehr Gültigkeit beimessen als dem, was in der Bibel steht. Infolgedessen ist ihre Lehre zu neunzig Prozent in Begegnungen und nur zu zehn Prozent in der Bibel verankert. Wir müssen uns immer daran erinnern, dass sich das prophetische Wort stets dem geschriebenen Wort Gottes unterordnen wird. Nicht alles, was wir prophetisch erleben, finden wir wahrscheinlich schwarz auf weiß in der Bibel, aber die biblischen Schriften sollten das, was wir erleben, immer untermauern. Das Prophetische sollte niemals der Bibel widersprechen, denn das Wort Gottes ist nicht zweigeteilt.

Prophetische Begegnungen sind ein Mittel, um der Liebe Gottes zu begegnen. Sie sollten dich mit Liebe erfüllen, damit du die Menschen um dich herum besser lieben kannst. In den biblischen Berichten über prophetische Begegnungen hatten solche Erfahrungen immer eine natürliche Auswirkung. Das bedeutet, dass man die Gültigkeit der Begegnung an ihrer Frucht überprüfen konnte. Hesekiels himmlische Begegnung in Hesekiel 1 führte dazu, dass er in seine prophetische Berufung hineinkam, um in Israel Veränderung zu bewirken. Die Begegnung des Apostels Paulus mit Jesus in Apostelgeschichte 9 ließ ihn Gottes Charakter ihm gegenüber besser verstehen, sodass er ein Apostel für die Nationen werden konnte. Es ist in Ordnung, sich nach übernatürlichen Begegnungen zu sehnen, es sollte aber vor allem ein Sehnen nach der Begegnung mit der Liebe Gottes sein. Dies sollte dazu führen, dass wir die Menschen um uns herum besser lieben können. Wenn jemand übernatürliche Begegnungen hat, aber als Nebenprodukt nicht mehr Liebe ausstrahlt, haben wir meiner Meinung nach das Recht, die Legitimität der Begegnung in Frage zu stellen.

Vernachlässigung des Praktischen

Prophetische hochbegabte Menschen tendieren natürlicherweise dazu, in geistlichen Dingen herausragend zu sein. Da eine solche Gnade auf ihnen liegt, Zugang zu den Dingen des Geistes zu haben, mangelt es ihnen oft an Verständnis für die Bedeutung von eher praktischen Dingen. Deshalb haben außerordentlich begabte Menschen häufig einen sehr auffälligen Mangel an praktischer Lebenskompetenz.

Bevor ich in den vollzeitlichen Dienst ging, dachte ich, für einen legitimen Dienst müsste ich nur wissen, wie man gut lehrt und exakt prophezeit, und genug Glauben haben, um Kranke zu heilen. Doch als ich meinen Dienst anfing, war ich völlig überwältigt davon, wie praktisch man denken muss, um so einen Dienst wirklich gut zu managen. Ich merkte schnell, dass selbst, wenn ich in den Gaben des Geistes wirken konnte, ich nicht in der Lage sein würde, mit meinen Gaben so viele Menschen zu beeinflussen, wie ich wollte, wenn ich nicht ebenso die Organisation im Blick behielt.

Während ein Aspekt des Wirkens im Geist völlig übernatürlich ist, ist ein anderer ziemlich praktisch. Ich muss nicht nur prophetisch reden können, sondern auch meine Vortragsverpflichtungen im Griff haben. Ich muss nicht nur für Kranke beten können, sondern auch wissen, wie man mit anderen Führungspersönlichkeiten auf der ganzen Welt einen guten Umgang pflegt. Wäre ich nicht gewillt, in meinem Dienst sowohl in meinem Glauben an das Übernatürliche als auch in den praktischen Lebensfertigkeiten ständig zu wachsen, hätte der Feind schnell einen Fuß in der Tür, und könnte Einfluss nehmen auf das, was ich heute zur Ausbreitung des Reiches Gottes bewirken kann. Ja, ich bin schon vielen Menschen begegnet, die berufen waren, vor vielen

Leuten sowohl im Leib Christi als auch in der Gesellschaft zu dienen, doch da es ihnen an der Bereitschaft fehlt, in praktischen Lebensfertigkeiten zu wachsen, ist ihr Einfluss stark reduziert, obwohl sie von Gott sehr begabt wurden.

Es ist keine falsche Demut, sich seiner Schwächen bewusst zu sein bzw. die Bereiche zu kennen, in denen man noch wachsen muss. Was mich selbst anbelangt, hat es mir sehr geholfen, mir einzugestehen, dass eine meiner persönlichen Schwachstellen die praktischen Dingen sind. Das ist nicht bei allen so. Ich weiß jedoch, dass ich nicht natürlich dazu veranlagt bin. Da ich mir dessen bewusst bin, habe ich mich mit vielen Menschen umgeben, die mich beispielsweise im finanziellen, gesundheitlichen und zwischenmenschlichen Bereich praxisnah unterstützen können. Ich umgebe mich auch mit verschiedenen Fachleuten aus der Wirtschaft, die mir mit Rat und Tat zur Seite stehen, wenn es um die praktische Seite meines Dienstes geht. Nur weil ich im Praktischen nicht von Natur aus begabt bin, kann dies nicht als Entschuldigung dafür dienen, dass Gott meine praktischen Lebenskompetenzen nicht entwickeln kann.

Ob es um unsere Gesundheit, unsere Finanzen, unsere Beziehungen oder irgendeinen anderen Aspekt unseres Lebens geht, wir müssen verstehen, wie wir das Übernatürliche und das Praktische miteinander verknüpfen können. Ich würde sogar so weit gehen zu sagen, dass das Übernatürliche und das Praktische in uns vereint sein sollte, wenn wir als geistliche Menschen reif werden wollen.

Die Tyrannei der Vermutungen

Bei der Arbeit mit verschiedenen prophetischen Gruppen habe ich häufig festgestellt, dass viele die Tendenz haben, in die „Tyrannei der Vermutungen“ abzugleiten. Damit meine ich, dass prophetisch hochbegabte Menschen oft ihrem eigenen Urteilsvermögen mehr vertrauen als denjenigen, mit denen sie in Bündnisbeziehungen stehen. Ich möchte das veranschaulichen:

Sagen wir, du stehst in einer engen Beziehung mit einer Person, die ich Betty nenne. Du kennst Betty nun seit einigen Jahren und hast schon viel Zeit mit ihr verbracht. Eines Tages siehst du Betty in der Gemeinde, und im Vorbeigehen hat es fast den Anschein, als wolle sie den Blickkontakt mit dir vermeiden. Das ist für Betty gar nicht typisch, wenn man bedenkt, dass sie normalerweise gerne mit einem redet. Ihr Verhalten verwirrt dich. Bald schon überlegst du verzweifelt, ob du möglicherweise etwas getan hast, was sie gekränkt haben könnte. Dann merkst du, wie sich deine Verwirrung über den Vorfall in Frustration ihr gegenüber verwandelt. Das führt dazu, dass dein Verstand Vermutungen darüber anstellt, was Betty wohl über dich denkt, und schon bist du auf einem riskanten Weg, und deine Vermutungen haben das Steuer übernommen.

In einer prophetischen Gemeinschaft, in der es an Lehre mangelt, wie man im Reich Gottes Beziehungen gestaltet, kann dies sehr schnell zu einem Problem werden. Jemand, der seine Unterscheidungsgabe noch nicht mit der nötigen Reife einsetzen kann, könnte leicht Vermutungen über eine Person anstellen, mit der er einen Konflikt hat, die in Wirklichkeit gar nicht stimmen. In seiner Verletztheit könnte er das, was er vermutet, leicht als „Unterscheidung“ bezeichnen. Plötzlich gibt es einfach nur deshalb einen deutlich sichtbaren Bruch innerhalb einer Beziehung, weil man nicht verstanden hat, wie gesunde Kommunikation funktioniert.

Für diejenigen die wissen, wie man gesund mit einem Konflikt umgeht, wäre die naheliegende Lösung, auf Betty zuzugehen und sie zu fragen, ob etwas nicht stimme, um unsere Vermutungen nicht zu nähren. Prophetisch Begabte könnten jedoch versucht sein, sich mehr auf ihre Gabe zu verlassen, als Beziehungskonflikte einfach im Gespräch zu klären.

Wenn wir uns in einer emotional sensiblen Situation befinden, wie zum Beispiel in Beziehungen, kann unser Urteilsvermögen durch unsere Emotionen getrübt sein. Wenn wir in einer solchen Situation nur auf unser Unterscheidungsvermögen vertrauen, dann kann dies leicht dazu führen, dass wir im Namen unseres angeblichen „Unterscheidungsvermögens" eine Kette von Vermutungen gegen jene Person aufbauen. Wir schaffen dadurch unnötigerweise eine Distanz zu ihr, einfach weil wir nicht bereit sind, auf gesunde Kommunikation zu achten. Wir könnten sogar dazu verleitet werden, mit anderen schlecht über jene Person sprechen, sodass wir uns schnell im Bereich von übler Nachrede wiederfinden.

Es ist von äußerster Wichtigkeit, dass Menschen mit einer ausgeprägten Unterscheidungsgabe eine angemessene pastorale Ausbildung erhalten, wie man gesunde Beziehungen führt. Hat eine Person mit der Gabe der Unterscheidung mit Unsicherheit zu kämpfen, könnte sie annehmen, dass andere Menschen etwas gegen sie haben. Dies führt oft zu einem leeren Raum für Vermutungen, in die der Feind seine Lügen platzieren kann. Menschen mit einer ausgeprägten Unterscheidungsgabe müssen lernen, wie sie einen Konflikt gesund austragen und ein vernünftiges Gespräch führen können, um eine eventuell erfundene Kränkung zu entlarven. Einer der besten Ratschläge, die ich angehenden Leitern geben kann, ist wohl Folgender: Erweckung ist chaotisch. Beziehungen mit Menschen sind chaotisch. Anstatt anderen Fehler zu unterstellen und uns über das Chaos zu ärgern, müssen wir lernen, uns einen Besen zu schnappen und aufzukehren. Wir müssen lernen, unsere Konflikte gesund auszutragen und in unseren Beziehungen gut zu kommunizieren, wenn wir jemals Teil eines Teams sein wollen. Anstatt uns nur auf unsere Gaben zu verlassen, müssen wir es Gott erlauben, unsere Sozialkompetenz in unseren Beziehungen zu entwickeln. Unterscheidungsvermögen und Vermutungen sind zwei völlig verschiedene Dinge, die wir nicht miteinander vermischen dürfen. Unterscheidungsvermögen gibt uns Gottes Einblick in eine bestimmte Situation, während Vermutungen eine intellektuelle bzw. gefühlsmäßige Analyse anstellen, die leicht durch unsere seelische Verfassung beeinflusst werden kann.

Ablehnung und Isolation

Eine der häufigsten Fallstricke für prophetisch Hochbegabte bzw. Propheten ist die Isolation. Dies hängt damit zusammen, dass viele prophetisch hochbegabte Menschen vom Herrn auf eine Art und Weise hören, die ungewöhnlich erscheint. Wenn sie sich in Kreisen aufhalten, in denen geistliche Dinge nicht willkommen sind, könnten sie aufgrund eines mangelnden Verständnisses für den prophetischen Dienst mit viel Ablehnung konfrontiert sein. Ich bin schon vielen prophetisch hochbegabten Menschen begegnet, die zu Herzen gehende Ablehnung durch die Gemeinde erfahren haben. Auch ich selbst habe aufgrund der Berufung auf meinem Leben und der Einzigartigkeit meiner Beziehung zum Herrn viel Ablehnung von Seiten der Gemeinde erfahren. Damit eine prophetisch begabte Person einen gesunden prophetischen Lebensstil pflegen kann, sollte sie deshalb in gute Beziehungen innerhalb der Familie Gottes eingebettet sein. Steigt man aus der Gemeinschaft aus, kann man sehr schnell einer Täuschung verfallen.

Mir sind immer wieder prophetisch begabte Menschen begegnet, die aufgrund von Verwundungen jede Verantwortlichkeit bzw. Rechenschaft in Beziehungen vermeiden. Sie sehen dann häufig die Freiheit, die uns das Kreuz gewährt, als Freiheit von Verpflichtungen an und verfallen womöglich der Lüge, dass ihre Gabe besser funktioniert, ohne sich unterordnen zu müssen, weil es sich freier anfühlt. Wenn du dies liest und diese Beschreibung auf dich zutrifft, kann ich dir aus erster Hand sagen: Der Versuch, als prophetisch begabte Person abseits von Gemeinschaft und Menschen, die dir Feedback geben, zu wirken, wird dich auf einen langen und schmerzhaften Weg führen. Der einzige Weg, wie du dein volles Potenzial erreichen kannst, besteht in der Gemeinschaft mit anderen, die dich in deinen Schwachpunkten unterstützen können. Auf dich allein gestellt wird es offensichtlich sein, dass du deutlich sichtbare blinde Flecken hast, während die Gemeinschaft mit Menschen mit unterschiedlichen Persönlichkeiten und Gaben dir helfen kann, Jesus in den Bereichen in dir zu formen, wo du Mangel hast. Deshalb mag es zwar Menschen geben, die uns ablehnen; doch jeder von uns sollte sich auch mit denen umgeben, die uns so annehmen, wie wir sind, mit denen wir verbindliche Beziehungen eingehen können. Einsamkeit hat nichts mit Heiligkeit zu tun; es ist Knechtschaft. Du wurdest nicht dazu erschaffen, allein zu sein. Du wurdest erschaffen, damit du weißt, dass du dazugehörst.

Wenn wir uns aus Furcht vor Ablehnung dafür entscheiden, vom Leib Christi getrennt zu leben, berauben wir die Gemeinde des prophetischen Dienstes. Wir müssen zu einem gesunden Verantwortungsbewusstsein finden, anstatt zu versuchen, die Prinzipien und Herzenshaltung des Individualismus zu vertreten.

Die Gemeinde braucht den prophetischen Dienst. Er versöhnt die Gemeinde als Familie, indem er die Vielfalt des Leibes in all seinen Berufungen, geistlichen Mänteln, Salbungen, Gaben, Fähigkeiten und Begabungen offenbart. Prophetie zeigt der Gemeinde, dass sie nicht richtig funktionieren kann, wenn sie keine Einheit hat, und dass jede Eigenschaft Gottes, die durch seine Kinder zum Ausdruck kommt, kostbar und wertvoll ist.

Wenn du dies liest und aufgrund deiner prophetischen Gabe Ablehnung von der Gemeinde erfahren hast, entschuldige ich mich als ein Leiter in der Gemeinde und im Namen der Gemeinde bei dir. Ich proklamiere über dir, dass du in Gottes Augen unersetzlich und für das Reich Gottes wertvoll bist. Es gibt einen Platz in der Familie Gottes, der perfekt auf dich zugeschnitten ist. Du wurdest nicht geschaffen, um allein zu leben. Du wurdest erschaffen, um zu wissen, dass du dazugehörst. Ich bete, dass Jesus dich mit Menschen umgibt, die dich annehmen und lieben. Ich bete, dass Väter und Mütter des Glaubens sich deiner annehmen und dir helfen, die Berufung auf deinem Leben zu entwickeln und gut mit ihr umzugehen.

Manipulation und Kontrolle

Manipulation und Kontrolle gehören zu den gefährlicheren und extremeren Fallstricken für den prophetischen Dienst, da beide nicht nur die betreffende Person verletzen, sondern möglicherweise auch viele andere Menschen. Wenn prophetisch begabte Menschen durch Ablehnung in der Gemeinde tief verletzt sind, kann es für sie verlockend sein, zu glauben, dass sich der gesamte Leib Christi in Rebellion gegen Gott befindet. Das kann in einer einzelnen Person großen geistlichen Stolz auslösen, wenn sie glaubt, dass der ganze Leib

Christi im Unrecht ist, und sie selbst im Recht. Obwohl niemand von uns eine vollständige Offenbarung über Gott hat, ist es sehr anmaßend anzunehmen, dass wir das Recht haben, unverhohlen und unverblümt jene der Rebellion zu bezichtigen, die Gott berufen hat. Solche Urteile sollten wir Gott überlassen. Obschon man schon sehr tief verletzt sein muss, um anzunehmen, dass sich der gesamte Leib Christi in Rebellion befindet, habe ich erlebt, wie der Feind dieses Maß an Verletzung dazu benutzt hat, um Einzelne in eine sehr große Täuschung hineinzuführen. Aus ihrem Schmerz und Stolz heraus versuchen diese Menschen ihre prophetischen Gaben gegen den Leib Christi einzusetzen. Das kann schließlich dazu führen, dass sie andere mit ihrer prophetischen Gabe manipulieren und kontrollieren.

> *Hütet euch vor den falschen Propheten, die in Schafskleidern zu euch kommen! Inwendig aber sind sie reißende Wölfe. An ihren Früchten werdet ihr sie erkennen. Liest man etwa von Dornen Trauben oder von Disteln Feigen?* (Mt 7,15-16).

Der Unterschied zwischen echten Propheten und falschen Propheten besteht darin, dass echte Propheten auf Jesus hinweisen, während falsche Propheten auf sich selbst weisen. Wenn ich den Begriff „falscher Prophet" verwende, meine ich nicht jemanden, der ein falsches prophetisches Wort gegeben hat, denn wir alle sind im Hören der Worte des Herrn am Lernen und Wachsen. Ich beziehe mich auf diejenigen, die ihre prophetische Gabe aus Stolz einsetzen, um andere absichtlich zu manipulieren und zu kontrollieren, weil sie verwundet sind. Ehrlich gesagt, verwende ich den Begriff „falscher Prophet" nicht oft, und wenn, dann bin ich dabei sehr vorsichtig. Tatsächlich habe ich nur sehr wenige Menschen getroffen, von denen ich glaube, dass sie sich auf dieser Ebene der Täuschung befinden. Wir müssen uns jedoch über die Strategien des Feindes durch falsche Propheten im Klaren sein. Wir müssen auch unser eigenes Herz prüfen, um sicherzustellen, dass wir aus Liebe dienen, und nicht aus einem seelischen Bedürfnis heraus.

Falsche Propheten dienen aus ihrer Verwundung und Unsicherheit heraus. Da sie verletzt sind, werden sie ihre Gabe oft als Mittel benutzen, um Aufmerksamkeit zu bekommen und andere zu manipulieren. Eine allgemeine Eigenschaft von falschen Propheten, die ich beobachtet habe, ist, dass sie häufig in eine Gemeinde kommen und ihre Gabe als Mittel benutzen, um unsichere Gemeindemitglieder davon zu überzeugen, dass die Leiterschaft in Rebellion sei. Der falsche Prophet versucht dann meist, sich als Leiter über die, die er getäuscht hat, einzusetzen. Die Folge sind natürlich Spaltungen innerhalb der Gemeinden. Falsche Propheten operieren mit einem hohen Maß an Manipulation und sind dafür bekannt, dass sie die biblischen Schriften verdrehen, um Menschen mit ihren selbstzentrierten Theologien und Lehrmeinungen zu verführen.

Menschen, die sich auf dieser Stufe der Täuschung bewegen, sind von der Gemeinde häufig verletzt worden, und haben deshalb eine Einzelkämpfer-Mentalität entwickelt. Jemand, der im Amt eines Propheten erfahren ist, wird dies nicht unabhängig von der Gemeinde tun, so wie Propheten im Alten Testament nicht als Propheten außerhalb von Israel fungierten. Wenn du in einer Gemeinde nicht als Prophet anerkannt wirst, spielt es deshalb keine Rolle, wie begabt du dich fühlst. Du hast kein Recht, dir eine Autorität anzumaßen, die dir von der Leitung nicht gegeben wurde. Propheten sollten gemeinsam mit dieser tätig sein, nicht gegen sie. Selbst wenn du ein weltbekannter Prophet bist, musst du dich beim Dienst in einer örtlichen Gemeinde der örtlichen Leitung unterordnen.

Pastoren, hütet euch vor falschen Propheten! Wenn jemand versucht, in deiner Gemeinde zu wirken, lasst dich von ihm nicht einschüchtern. Lass dich nicht von ihren beeindruckenden Gaben beeinflussen, wenn sie keinen guten Charakter haben. Wenn sie Menschen von Christus wegbringen und versuchen, dich als Leiter zu entmachten, tue alles Nötige, um die Menschen, die Gott dir anvertraut hat, zu schützen.

Falsche Propheten haben oft einen Messias-Komplex und geben den Menschen vor, sie seien die Einzigen, die Autorität haben, andere zu befreien. In Matthäus 7,16 steht: *„An ihren Früchten werdet ihr sie erkennen."* Die Frucht eines falschen Propheten ist eine Spur zerbrochener Menschen, die von ihnen abhängig sind, während die Frucht eines echten Propheten Söhne und Töchter sind, die durch den prophetischen Dienst die Gemeinde aufbauen.

Gott hat seine echten Propheten und Prophetinnen berufen, in der Gemeinde Väter und Mütter zu sein. Viele Propheten im Alten Testament haben den Ruf, fast militant zu sein. Mose war im Gegensatz zu vielen anderen Propheten nicht nur ein Prophet, sondern auch ein Vater und Hirte für Israel. 5. Mose 9 berichtet von den Ereignissen, als Mose auf dem Berg Sinai war und die Gebote Gottes empfing. Danach sprach Gott zu Mose und sagte ihm, dass sich die Israeliten gegen ihn aufgelehnt hätten. In 5 Mose 9,14 sprach Gott Folgendes zu Mose: *„Lass mich, dass ich sie vernichte und ihren Namen unter dem Himmel auslösche! Dich aber will ich zu einer Nation machen, stärker und größer als sie."*

Hätte Mose den Wunsch gehabt, sich einen großen Namen zu machen, hätte er dieses Angebot annehmen und zu einer großen Nation werden können. Da er die Israeliten jedoch liebte, lag er vierzig Tage und vierzig Nächte lang ausgestreckt auf dem Boden und fastete und stand in der Fürbitte für Israel ein, damit Gott sein Vorhaben nochmals überdenke (vgl. 5 Mose 9,18). Das Kennzeichen eines reifen Propheten ist die Fähigkeit, sein Leben aus Liebe für Gottes Kinder hinzulegen.

> *So seid ihr nun nicht mehr Fremde und Nichtbürger, sondern ihr seid Mitbürger der Heiligen und Gottes Hausgenossen. Ihr seid aufgebaut auf der Grundlage der Apostel und Propheten, wobei Christus Jesus selbst Eckstein ist* (Eph 2,19-20).

Ein Prophet zu sein bedeutet nicht, über Menschen zu herrschen. Es bedeutet nicht, aus Stolz heraus zu manipulieren oder zu kontrollieren. Ein Prophet sollte zum größten Diener werden. Sein Dienst ist keiner, bei dem er über allen anderen steht, sondern er hat einen grundlegenden Dienst. Wir nehmen die Haltung eines Dieners ein und glauben, dass jeder, den wir ausbilden, einmal Größeres erreichen wird als wir selbst.

KAPITEL 8

Freundschaft mit Gott

So spricht der HERR: Der Weise rühme sich nicht seiner Weisheit, und der Starke rühme sich nicht seiner Stärke, der Reiche rühme sich nicht seines Reichtums; sondern wer sich rühmt, rühme sich dessen: Einsicht zu haben und mich zu erkennen ... (Jer 9,22-23).

In diesem Kapitel geht es um das Allerwichtigste, das ich dir in Bezug auf den prophetischen Dienst mitgeben kann. Ich bin davon überzeugt, dass das Beste, wofür du deine Zeit investieren kannst, darin besteht, eine tiefe und innige Freundschaft mit dem Herrn aufzubauen und ihn besser kennenzulernen. Gott ist die beständigste Person, die ich je kennengelernt habe. Er ist derselbe gestern, heute und in Ewigkeit. Doch auch wenn Gott in seinem Wesen immer gleichbleibt, ist seine Liebe so großartig, dass ich noch nie zwei gleiche Tage mit ihm erlebt habe, seit ich ihn kenne. Jeder Tag mit ihm ist ein neues Abenteuer. Wenn man Jesus wirklich nachfolgt, gibt es keine Vorhersehbarkeit, denn in seiner Gegenwart weiß niemand wirklich, was passieren wird. Jeder Augenblick mit ihm ist eine Einladung, Neues zu entdecken, eine offene Tür, die uns in echte Abenteuer hineinführt.

Nachdem ich dem Herrn mit sechzehn Jahren zum ersten Mal begegnet war, widmete ich mein Leben dem Ziel, ihn besser kennenzulernen. Jeden Tag nach der Schule bzw. der Arbeit legte ich meine Tasche ab, ging nach draußen und war vier bis sechs Stunden lang mit Jesus unterwegs. An meinen freien Tagen machte ich nach dem Aufwachen oft nicht einmal mein Licht an. Ich lag einfach nur da und betete und verbrachte acht bis zwölf Stunden lang Zeit mit Gott, bevor ich überhaupt aufstand. In dieser Zeit gab es auch Phasen, in denen ich mein Geld sparte, um vier Monate am Stück von der Arbeit freinehmen zu können. Dann verbrachte ich etwa vierzehn Stunden am Tag mit Jesus und tauchte in seine Gegenwart ein. Die ersten vier Jahre, in denen ich den Herrn kennenlernte, bestanden aus solchen ausgedehnten Zeiten in seiner Gegenwart.

Während jener Zeit mit dem Herrn machten immer wieder Leute Bemerkungen über meine Disziplin, dass ich so lange beten konnte. Wenn ich jetzt zurückblicke, weiß ich, dass mein Vermögen, so viel Zeit im Gebet zu verbringen, überhaupt nichts mit Disziplin zu tun hatte. Es hatte vielmehr mit Verliebtheit zu tun. Ich hatte mich völlig in Jesus verknallt. Dies waren die Zeiten, in denen er mein Gehör schärfte, um seine Stimme immer besser zu hören. In jenen Momenten wurde mein Herz immer empfindsamer für ihn, um die Regungen seines Herzens verstehen zu können. Natürlich haben wir nicht alle so viel freie Zeit, um stundenlang einfach nur mit dem Herrn zusammen zu sein. Dies war für mich eine ganz besondere und von Gott gewollte Zeit. Sich so in den Herrn zu verlieben, hat meines Erachtens weniger mit der Zeit zu tun, die man mit ihm verbringt, als mit dem Verlangen des Herzens, ihn kennenzulernen. Intimität führt uns in eine tiefere Salbung hinein als die Begabung. In diesem Sinne glaube ich, dass der fruchtbarste Dienst nicht von beeindruckenden Qualifikationen kommt, sondern durch die Gemeinschaft mit Gott im Verborgenen.

Etwas, das ich durch meine Arbeit mit vielen prophetischen Leitern und den Aufbau zahlreicher prophetischer Gemeinschaften gelernt habe, ist, dass es einen sehr großen Unterschied gibt zwischen Menschen, die aus der Gabe heraus prophezeien und denen, die aus einer Freundschaftsbeziehung mit Gott prophetisch reden. Werfen wir zusammen einen Blick auf folgende Stelle:

In der Geschichte von 4. Mose 22 lesen wir von Bileam, der eine einflussreiche prophetische Gabe hatte. Er konnte exakte prophetische Worte sprechen und die Zukunft voraussagen. Bileam hatte dieses Niveau an Genauigkeit nicht wegen seiner Nähe zu Gott erreicht, sondern einfach aufgrund seiner prophetischen Gabe. Es gibt einen deutlichen Unterschied zwischen Bileam und jemandem wie Abraham. In 1. Mose 18,17 tat Gott kurz vor der Zerstörung von Sodom und Gomorrha etwas Bemerkenswertes. Er stellte sich selbst eine Frage und sprach: „Sollte ich vor Abraham verbergen, was ich tun will?“ Für mich ist dies eine der persönlichsten Fragen in der Bibel. Gott hat etwas vor, und anstatt es zu verbergen, erwählt er einen Mann und teilt ihm mit, was er auf dem Herzen hat. Er teilte sein Geheimnis mit Abraham, weil Abraham sein Freund war. Gott wandelte mit Abraham in einer so innigen Beziehung, dass er sich gewissermaßen so fühlte, als würde er seine Beziehung zu Abraham verraten, wenn er die Geheimnisse seines Herzens nicht mit ihm teilte.

Bileam konnte exakt prophezeien, und dennoch war er anders als Abraham. Beide hatten eine prophetische Berufung, und doch unterschieden sie sich sehr voneinander, weil Bileam aus der Gabe heraus prophezeite, während Abraham aus einer Freundschaftsbeziehung heraus prophezeite.

Das ist ein großer Unterschied. Gottes Freunde sind diejenigen, denen er die tiefsten Geheimnisse seines Herzens anvertraut.

In Amos 3,7 (ZÜR) lesen wir: „Gott der HERR tut nichts, ohne seinen Dienern, den Propheten, seinen Plan offenbart zu haben!" Gott ist nicht verpflichtet, seine Geheimnisse mit Propheten zu teilen. Dennoch teilt er seine Geheimnisse mit den Propheten, weil sie seine Freunde sind. Dies sollte das wesentliche Ziel des prophetischen Dienstes sein. Es geht darum, dem Herrn in einer freundschaftlichen Beziehung so nahezukommen, dass er, wenn er etwas vorhat, es zuerst mit dir teilt, bevor er handelt.

Häufig werde ich gefragt: „Was ist das Ausschlaggebende, um in diese Salbung zu kommen? Ich glaube, die Antwort auf diese Frage steht in 1. Samuel 3,19. In diesem Vers geht es darum, dass Gott keines von Samuels Worten auf den Boden fallen ließ. Dies lag meiner Meinung nach an Samuels Nähe zum Herrn.

Ist dir schon einmal aufgefallen, dass, wenn gewisse Menschen den Heiligen Geist bitten, mit seiner manifesten Gegenwart zu kommen, Gott dann tatsächlich kommt? Der Grund liegt darin, dass sie Freunde Gottes sind. Wenn sie ihn also bitten, etwas zu tun, dann tut er es auch. Er lässt ihre Worte nicht auf den Boden fallen, weil ihm aufgrund ihrer engen Beziehung zu ihm wichtig ist, was sie sagen.

Vor einiger Zeit wurde ich eingeladen, anlässlich des dritten Gründungsjubiläums einer kleinen Gemeinde zu sprechen. Aus welchem Grund auch immer, hatte ich, während ich sprach, das Gefühl, einen schlechten Tag zu haben. Versteh mich nicht falsch, Gott war immer noch am Wirken. Menschen wurden auf wundersame Weise geheilt und befreit. Doch während ich sprach, stolperte ich ständig über meine Worte und mir fielen wichtige Bibelverse nicht ein, die ich auswendig kannte.

Am Ende des Gottesdienstes bat ich alle aufzustehen und betete für eine abschließende Freisetzung von Heilung. Nach dem Gebet ergoss sich die mächtige Gegenwart Gottes scheinbar aus dem Nichts auf alle Anwesenden. Dabei war dies eine Gemeinde, für die das übernatürliche Wirken Gottes nicht normal war. Die vereinzelten Heilungen, die sie zuvor in der Versammlung erlebt hatten, stellten bereits eine große Herausforderung für sie dar. In der nächsten Stunde weinten jedoch alle unkontrolliert in der Gegenwart Gottes. Man konnte hören, wie Dämonen hörbar aus Menschen herausfuhren, und überall im Raum wurden Menschen geheilt. Der gesamte Raum war von der Atmosphäre des Reiches Gottes erfüllt.

Nach dem Ende des Gottesdienstes war ich natürlich sehr zufrieden mit dem Wirken des Herrn. Allerdings war ich auch ratlos, da ich nicht so gut gedient hatte wie üblich. Als ich später am Abend Zeit mit dem Heiligen Geist verbrachte, sagte ich zu ihm: „Herr, mir hat es gefallen, wie du heute gewirkt hast. Aber warum hast du es getan, obwohl ich nicht so gut war, wie ich es normalerweise bin?"

Der Heilige Geist antwortete mir dann, indem er etwas sagte, das meine Vorstellung, wie man unter der Salbung wirkt, revolutionierte. Er sagte: „Ich lasse die Worte meines Freundes nicht auf den Boden fallen. Da du mein Freund bist, werde ich deinetwegen immer etwas tun."

Und nie zuvor hat man davon gehört, nie haben wir davon gehört: Kein Auge hat je einen Gott außer dir gesehen, der solches tut für die, die auf ihn warten (Jes 64,4 ZÜR).

Vor einiger Zeit hatte ich eine Vision vom Herrn, die mich auf etwas aufmerksam machte, das ihm in der heutigen Zeit zutiefst am Herzen liegt. In dieser Vision sah ich mich selbst in einem Gerichtssaal im Himmel (vgl. Dan 7).

Um mich herum im Saal waren Hunderttausende von Menschen, bekannte Leiter im Reich Gottes aus der ganzen Welt, die an ein weltweites Wirken Gottes glaubten. Jeder von uns sah sich um und fragte sich, warum wir zu diesem besonderen Treffen in den Gerichtssaal im Himmel einberufen worden waren.

Plötzlich trat Jesus auf die Bühne vor uns. Er hatte eine solche Autorität, dass allein seine Gegenwart alle Hunderttausende sofort schweigen ließ. Er ist in der Tat der König der Könige. Eine Zeit lang stand er nur still da. Dann griff er plötzlich hinter sich und holte etwas hervor. Was er uns nun hinhielt, war ein Mantel. Während sich tausende Augen auf ihn richteten, sagte Jesus: „Dies war der Mantel eines großen Mannes Gottes, der zu seinen Lebzeiten viele tausend Menschen in das Reich Gottes führte. Jesus nannte den Namen des Mannes und fuhr fort, uns von allen großen Taten zu erzählen, die jener Mann für das Evangelium vollbracht hatte, während er auf der Erde lebte. Er erwies diesem Mann große Ehre. Dann sagte Jesus etwas, das uns alle völlig überraschte. Er sagte: „Aber dieser Mann hat nur achtzig Prozent des Dienstes vollendet, mit dem ich ihn beauftragt hatte."

Als Jesus dies gesagt hatte, hielten alle Zuhörer den Atem an und warteten darauf, was er als Nächstes sagen würde. Jesus verweilte eine Zeitlang schweigend, bevor er mit folgenden Worten schloss: „Der Grund, warum dieser Mann nur achtzig Prozent seines Dienstes auf der Erde vollendete, liegt darin, dass er seine erste Liebe vergessen hatte. Da er die innige Vertrautheit und Freundschaft mit dem dreieinigen Gott nicht zu seiner obersten Priorität gemacht hatte, vollendete er den Auftrag auf seinem Leben nicht."

Alle sahen einander an und fragten sich, warum Jesus uns derartige Dinge mitteilte. Jesus fuhr dann fort: „Da mein Wort nicht leer zurückkommen kann, wer von euch hier ist bereit, diesen Mantel zu nehmen, um seinen Auftrag zu erfüllen?" Eine Zeit lang herrschte Stille in der Atmosphäre, als eine Frau auf die Bühne trat und es Jesus erlaubte, ihr den Mantel auf die Schultern zu legen.

Nachdem sie die Bühne verlassen hatte, zog Jesus einen weiteren Mantel hinter seinem Rücken hervor. Er sagte: „Dies war der Mantel einer großen Frau Gottes, die zu ihren Lebzeiten Hunderte in das Himmelreich geführt hat. Dennoch vollendete sie nur zwanzig Prozent ihres Dienstes, weil sie ihre erste Liebe vergessen hatte. Mein Wort kann nicht leer zurückkommen, wer wird also ihren Mantel wieder aufheben? Wir warteten wieder schweigend, bis jemand kam, um das unvollständige Mandat zu übernehmen. Jesus wiederholte dies mit Dutzenden anderen Mänteln im Verlauf dieses Treffens.

Nach meiner Vision sprach der Heilige Geist dann zu mir und sagte: „Die wichtigste Prüfung, der sich jeder Gläubige in seinem Leben unterziehen muss, ist Folgende: Erinnerst du dich an deine erste Liebe?"

Einer von seinen Jüngern, den Jesus liebte, lag zu Tisch an der Brust Jesu. Diesem nun winkt Simon Petrus, zu erfragen, wer es wohl sei, von dem er rede. Jener lehnt sich an die Brust Jesu und spricht zu ihm: Herr, wer ist es? Jesus antwortete: Der ist es, für den ich den Bissen eintauchen und ihm geben werde. Und als er den Bissen eingetaucht hatte, nimmt er ihn und gibt ihn dem Judas, Simons Sohn, dem Iskariot (Joh 13,23-26).

Diese Schriftstelle bewegt mich zutiefst. Ich glaube nicht, dass es nur Johannes war, der diesen Zugang zu Jesus hatte und seinen Kopf auf Jesu Brust legen konnte, um die Geheimnisse seines Herzens zu hören. Ich glaube, dass es für alle Jünger möglich gewesen wäre, so eng mit ihm verbunden zu sein. Johannes hatte einfach entschieden, das Offenbarte in die Praxis umzusetzen, im Wissen, dass Jesus sich eine tiefe Liebesbeziehung mit ihm wünschte. Johannes, der Autor dieses Evangeliums, nennt sich selbst „den Jünger, den Jesus liebte" (vgl. Joh 21,20). Er sagte dies nicht aus Stolz, sondern es war einfach die Wahrheit, weil er eine tiefe Offenbarung darüber hatte, dass Jesus ihn genau so liebte, wie er war. Johannes musste nicht warten, bis er vollkommen reif war, bevor er Jesus auf diese Weise kennen konnte. Es war dieses innige Kennen Jesu, das ihn zur Reife führte. Da Johannes wusste, dass Jesus ihn innig liebte, hatte er das Vertrauen, Jesus nach Geheimnissen zu fragen und auch eine Antwort zu erwarten. Das ist wahrscheinlich der Grund, weshalb Gott Johannes die wichtigen und himmlischen Geheimnisse anvertraut hat, die im Buch der Offenbarung stehen.

Ich glaube, dass Gott eine Generation aufstehen lässt, die „Johannes, dem Geliebtem" gleicht. Er wird eine Generation heranziehen, deren größter Wunsch es sein wird, ihn zu kennen. Er ruft sein Volk an den Ort der Verborgenheit, damit wir in inniger Vertrautheit mit ihm leben. Freundschaft mit Gott ist die höchste Stufe des Dienstes, und Gott ist auf der Suche nach Menschen, die die tiefsten Dinge seines Herzens zu ihrer Hauptsache machen.

Wir leben in einer bemerkenswerten Zeit, in der Gott in allen Nationen Erweckung initiiert. Überall auf der Welt geschehen Zeichen und Wunder und Menschen werden gerettet. Die einzige Möglichkeit, wie wir dafür sorgen können, dass diese weltweite Bewegung Gottes einen guten Verlauf nimmt, besteht darin, dass wir unserer Freundschaft mit Gott Vorrang vor allem anderen einräumen. Dort wird wahre, von Liebe erfüllte Autorität „geschmiedet". Sie entsteht in den Begegnungen von Angesicht zu Angesicht mit dem lebendigen Gott. Gott ruft uns alle dazu auf, in unserem Leben die richtigen Prioritäten zu setzen, damit wir ihn wirklich kennenlernen und „nebenbei" unseren Lebensauftrag vollständig erfüllen.

Gott sucht ein prophetisches Volk, das sich nicht damit zufriedengibt, einfach nur zu prophezeien. Gott sucht nach Freunden, mit denen er die tiefsten Geheimnisse seines Herzens teilen kann.

KAPITEL 9

Schlussfolgerung

Als Braut Christi sind wir auf dem Weg in ein immer tieferes Verständnis von Intimität und Freundschaft mit Gott. Deshalb hat der Heilige Geist meine Kenntnis darüber erweitert, wie Propheten die Gemeinde darin schulen sollten, die Stimme des Herrn zu hören. Propheten sollten nicht nur lehren, wie man prophezeit; sie sollten die Gemeinde darin unterweisen, im Sinne Christi zu wirken, wohin auch immer sie berufen sind.

Der Prophet Daniel war ein unglaublicher Staatsmann, der König Nebukadnezar diente. Nebukadnezar war der Initiator eines Völkermords. Er ließ eine riesige Statue aus Gold errichten und befahl den Menschen, sie anzubeten. Alle, die das nicht taten, wurden hingerichtet. Daniel hatte die Gunst des Königs und sprach das Wort des Herrn zu ihm, nicht um dessen schlechte Werke zu unterstützen, sondern um den König zu Gott zu führen und so Babylon unter Gottes Segen zu bringen. Es ist interessant zu wissen, dass Daniel im gesamten Buch Daniel nicht ein einziges Mal als Prophet bezeichnet wurde. Er war dem König eigentlich als Oberhaupt der Magier bekannt. Daniel war das Oberhaupt aller Mystiker und Magier. Er war ein verdeckt arbeitender prophetischer Anführer, der in seinem Einflussbereich das

Weitere Produkte von GloryWorld-Medien

„Himmlische Bücher für die Erde"

Luc Niebergall, Eine zeitlose Reise

Wie ich den Himmel erkunden und meine Identität empfangen durfte; 144 S., Paperback

Ab dem Alter von 16 Jahren wurde Luc Niebergall eine unglaubliche „Reise" in die Herrlichkeit der Person Jesu zuteil. Nach acht Jahren Visionen, Träumen und himmlischen Begegnungen schrieb er einiges davon auf.

Dieses Buch ist ein Aufruf an die Söhne und Töchter Gottes, ihr volles Erbe zu empfangen, das darin besteht, in einer ewigen, intimen Beziehung zu Gott selbst zu leben. Begegnen wir der intimen Liebe Gottes, des Vaters, fällt die falsche Identität von uns ab. Wir werden zu siegreichen Söhnen und Töchtern, welche den Nationen Heilung und Wiederherstellung bringen.

Luc Niebergall, Königlich herrschen

Einen Lebensstil der Erweckung kultivieren; 144 S., Pb.

Erweckung beginnt in uns! Gott möchte uns als seinen Söhnen und Töchtern eine größere Offenbarung unserer Identität in ihm schenken. Wir sollen seine übernatürliche Liebe erfahren, sodass wir für jeden, mit dem wir in Kontakt kommen, zu einer Begegnung der Liebe werden.

Um eine weltweite Erweckung zu erleben, brauchen wir zuerst eine innere Reife. Wie Jesus, müssen auch wir zulassen, dass die Herrschaft des Himmels uns völlig durchdringt und bestimmt. Wir sollen Könige und Königinnen des inneren Gartens sein, den Gott uns anvertraut hate.

Luc Niebergall, Ganzheitlich siegreich leben

Wie wir in allen Lebensbereichen gegen die Angriffe des Feindes immun werden; 124 S., Taschenbuch

Der geistliche Kampf scheint ein komplexes Thema zu sein. Luc Niebergall liegt daran, es zu entmystifizieren und einfach verständlich zu machen. Er stellt dazu praktische und geistliche Werkzeuge vor, die uns helfen, siegreich zu leben, was Körper, Seele und Geist angeht.

Somit wird unser ganzes Wesen unter die Herrschaft Jesu gebracht, anstatt dem Feind in irgendeiner Form Raum zu geben. Verstehen wir unsere königliche Identität, können wir den geistlichen Kampf aus einer Haltung der Ruhe, der Autorität und des Sieges führen.

James Goll

Geistlich wahrnehmen und unterscheiden

Wie wir Offenbarungen empfangen, prüfen und anwenden können; 216 S.

James Goll erklärt, dass jeder Nachfolger Jesu geistliche Offenbarungen empfangen und prüfen kann, auch wenn einige als Propheten besonders begabt sind. Er legt präzise dar, wie wir unsere Sinne dem Heiligen Geist hingeben können, damit wir geistlich wahrnehmen können.

Und er erläutert, wie wir Offenbarungen prüfen, anwenden und letztlich verinnerlichen können, damit die Menschen sie nicht nur hören, sondern in uns sehen.

Für das vertiefte Studium ist ein Arbeitsbuch erhältlich.

Jonathan Welton, Die Schule der Seher

Eine praktische Anleitung, wie man ins Unsichtbare hineinsehen kann; 224 S.; Pb.; Vorwort von Randy Clark

Viele Christen haben angefangen, übernatürliche Phänomene zu erleben: Träume, (offene) Visionen, Engel oder Dämonen. Aber es mangelt ihnen an solider biblischer Lehre und sie sind zu dem geworden, was man als *Seherwaisen* bezeichnet: Sie suchen verzweifelt nach jemandem, der sie trainiert, ermutigt und freisetzt.

Das Ziel von Jonathan Welton war deshalb, ein praktisches Handbuch herauszubringen, das den Leib Christi mit den Informationen ausrüstet, die notwendig sind, um in der Dimension des Prophetischen bzw. des Sehers zu wachsen und im Leben im Übernatürlichen Reife zu erlangen.

Dr. Charity Virkler-Kayembe / Dr. Mark Virkler

Höre Gott durch deine Träume

Gottes Reden in der Nacht verstehen; 288 S., Pb.

In der Bibel finden wir sehr viele Beispiele für Gottes Reden durch Träume. Auch heute möchte er uns durch Träume wichtige Botschaften zukommen lassen. Doch beachten wir sie oft wenig oder wissen nicht, wie sie zu deuten sind.

Diesem Missstand möchte dieses Buches abhelfen. Die Autoren haben sehr viele Erfahrungen im Umgang mit Gottes Reden gesammelt. Das Buch ist ein praktischer, leicht verständlicher und biblischer Leitfaden, um die Sprache zu verstehen, die Gott in unseren Träumen benutzt.

Bill Johnson / Randy Clark, Berufen zu heilen I

Grundlagen und Praxis des Gebets für Kranke, 240 S., Pb.

Jeder Christ kann von Gott gebraucht werden, um anderen Heilung zukommen zu lassen. Das ist das Anliegen der beiden Autoren. Dazu berichten Sie, wie Gott sie in den Heilungsdienst hineinführte, und legen anschließend klare biblische Grundlagen für das Heilungsgebet. Im umfangreichsten Teil gehen sie auf verschiedene Aspekte ein, die für eine Heilung förderlich sind, erläutern, wie seelische und körperliche Krankheiten zusammenhängen und stellen dann ein in der Praxis bewährtes Modell für das Gebet um Heilung vor, das für alle Christen leicht anwendbar ist.

Phil Mason

Das Wunder der Neuen Schöpfung

Die Grundlage der Herzensrevolution

Band 2 der Reihe „Übernatürl. Transformation"; 264 S.

Was genau passiert bei der Wiedergeburt eines Christen? Welche Segnungen gehen damit einher? Wie kommen wir dahin, vom Geist bestimmt zu werden? Und wie geschieht es, dass wir ganz heil werden und immer mehr Christus widerspiegeln?

Phil Mason legt die umfassende Grundlage dafür, dass jeder Christ die Tatsachen und Prozesse versteht, die uns zu siegreichen Christus-Nachfolgern machen. Das ist Voraussetzung für die Revolution, die Gott in seiner Gemeinde gerade in Gang bringt.

Kevin Basconi, Mit den Engeln tanzen, Band 1

Die Grundlagen: Gottes Engel erkennen, einladen und beauftragen; 240 S.; Paperback

Mit diesem Buch stellt uns Kevin Basconi eine inspirierende, glaubensstärkende und praktische Anleitung zur Verfügung, wie ganz normale Gläubige mit Engeln zusammenarbeiten und sie sogar beauftragen können, um den Willen Gottes auszuführen.

Sein Buch ist voller spannender persönlicher Berichte, in denen er uns an seinem wachsenden Verständnis über das Wirken der Engel teilhaben lässt. Er erläutert, wie unsere Fähigkeit, Gottes Willen zu tun, dramatisch zunimmt, sobald wir mit Engeln zusammenwirken.

Frank Krause, Die Geisterstadt

Das Geheimnis des Bösen; 180 Seiten, Paperback

Wie sieht Gott aktuell unsere Welt, unser Leben, den Zustand des Christentums? Welche Strategie befolgt das Böse darin, und wie ist es beschaffen?

Der Autor nimmt uns mit auf eine imaginäre Reise, auf der ihm Jesus Christus in einer Reihe aufschlussreicher Ereignisse das „Geheimnis des Bösen" erklärt. Es werden Zusammenhänge und Hintergründe deutlich, die wir vielleicht noch nie so gesehen haben.

Das Buch will dazu ermutigen, sich selbst tiefer auf Gott einzulassen und die eigene „Reise des Glaubens" mit ihren Höhen und Tiefen besser zu verstehen, denn mit dem, was wir nicht verstehen, können wir nur schwer umgehen.

Blake K. Healy, Durch den Schleier sehen

Eine Einladung in die unsichtbare Welt; 176 S. Pb.

Blake K. Healy sieht Engel und Dämonen seit seiner Kindheit – und zwar so klar wie natürlich sichtbare Dinge. Er sieht zum Beispiel Engel in Anbetungsgottesdiensten tanzen und Ermutigungsworte in die Ohren von Menschen flüstern, doch genauso sieht er auch Dämonen, die sich an Leute heften und so Abhängigkeiten, Lügen und Bitterkeit in deren Herzen und Gedanken aufrechterhalten.

In diesem Buch erzählt er einige dieser Begegnungen und wie er in dieser Gabe reifte und dabei die Angst und Verwirrung über die Dinge, welche er sah, überwand. Und ebenso, und wie er lernte, die Gabe des Sehens zu Gottes Verherrlichung zu nutzen und andere darin zu lehren. „Ich wollte nicht, dass dieses Buch jemals endet!" (Bill Johnson)

Henk Bruggeman
Das Herz des Vaters entdecken

Unsere Identität als Söhne und Töchter Gottes empfangen

200 S.; Paperback

Gott sehnt sich mehr denn je danach, seinen Kindern sein Vaterherz zu offenbaren. Er möchte, dass wir ihn nicht nur mit dem Kopf, sondern vor allem mit dem Herzen kennenlernen. Statt einer Distanziertheit soll eine innige Vertrautheit unsere Beziehung zu ihm prägen. Darüber hinaus möchte er uns aber eine neue Identität schenken: die Identität der Sohnschaft. Wir entdecken mehr und mehr, wie wir als echte Söhne und Töchter Gottes leben können.

Markus Herbert, Komm höher herauf!

Visionen vom Berg Zion, dem Garten Eden und dem himmlischen Jerusalem; 136 S., Pb.

Dieses Buch ist ein Zeugnis dafür, dass es sich lohnt, sich im Geist auf das Abenteuer einzulassen, himmlische Orte schon jetzt aufzusuchen. Sowohl der himmlische Vater als auch Jesus Christus und der Heilige Geist konnten dem Autor dort tiefe Einsichten vermitteln.

In fortschreitenden Visionen durfte der Autor nicht nur den Berg Zion, sondern auch das Paradies und das himmlische Jerusalem besuchen. Das Eindrücklichste war, dem himmlischen Vater in seinem Vaterherzen zu begegnen.

Barry & Lori Byrne, Liebe in der Ehe

Eine tiefere geistliche, emotionale und körperliche Einheit erleben; Vorwort von Bill Johnson; 334 S.,

Gott möchte, dass die Ehe ein Ort echter Liebe und Vertrautheit ist. Dafür brauchen wir die Hilfe des Heiligen Geistes. Mit ihm können wir die Ursachen unserer Konflikte erkennen und überwinden. Unsere Ehe kann Heilung und Wiederherstellung erfahren, egal, wie der momentane Zustand ist.

Mit klarer biblischer Lehre und vielen praktischen Hilfen packen die Autoren die wichtigsten heißen Eisen an. Viele ermutigende Erfahrungsberichte verdeutlichen die dramatische Heilung und Intimität, die mit Gottes Hilfe möglich ist.

Dr. Larry Richards

Die volle Waffenrüstung Gottes

Gut geschützt gegen die Angriffe des Bösen; 208 S., Pb.

Die Bibel macht deutlich, dass ein Großteil unserer Unsicherheiten, Ängste und Zweifel auf den Machenschaften böser Mächte beruhen. Deshalb ist es so entscheidend, dass wir sowohl die Strategien kennen, die Satan benutzt, um uns anzugreifen, als auch die Rüstung, die Gott uns zur Verfügung stellt, um uns dagegen zu schützen.

Eine biblische Dämonologie und Hilfen zum Umgang mit dem Bösen in der Seelsorge runden das Buch ab.

Bestellen Sie im Buchhandel oder direkt beim Verlag (versandkostenfrei in D):

GloryWorld-Medien | Beit-Sahour-Str. 4 | D-46509 Xanten
Fon: 02801-9854003 | Fax: 02801-9854004 | info@gloryworld.de

Aktuelles, Leseproben, Downloads & Shop: **www.gloryworld.de**